はじめに

二〇世紀における「現代社会」の社会科学的研究において、最重要の、とは言わずとも非常に有力だった枠組みは、一九世紀の西欧（とりわけイギリス）、市民革命——フランス革命と、産業革命を起点として変革を遂げた西欧社会を参照基準とし、そこで成立した社会（ここで重要な対象としてアメリカ合衆国と日本が浮上する）の在り方が、一九世紀末から二〇世紀初めにかけて変容した、と考える。その際一九世紀西欧は狭い意味での「近代」、二〇世紀は「現代」と呼ばれる。「現代」は「近代」の否定ではない——社会の基本的構造や、制度や理念の根本的原理において、「近代」の延長線上にありそれを継受しているが、単なる量的変化のみならず、無視しがたい質的、構造的変化がある、とされ、この変化の記述、測定と、それをもたらした要因についての分析をもって、「現代社会」の研究、とする。そのようなやり方が、広く定着した。

ある種典型的、あるいは徴候的なありさまを示したのが社会学である。相対的に後発科学である社会学は、後から振り返ればまさにこの「近代」から「現代」への転換期において新しい学問分野としての地位を確立した。そしてこの時代の社会学の重要課題のひとつは、マックス・ウェーバー、エミール・デュルケムらの仕事に見られる通り、「近代」の成立――市民革命、産業革命から更に遡り、西欧史においては宗教改革まで射程に収めて、封建制の下での身分制社会、それを支配する宗教中心の精神文化から、近代の市民社会、近代科学をはじめとする世俗的な文化の出現を説明しようとした。同時に、ニーチェを引いてのウェーバーの有名な「精神なき専門人、心情なき享楽人」の出現を予想する箴言にも明らかなごとく、「近代」の行く末、「現代」の運命についての関心も強くあった。

ただしこの種の研究の多くは、具体的な歴史過程の記述を「近代」「現代」という区分に合わせて解釈する、という域を出るものではなく、とりわけ「近代」を成立させ、それを「現代」へと変形させるメカニズムについての理論仮説は十分には提供されなかった。この変化を説明すると称する社会学・政治学における「近代化理論」は、実際には人口増加だの生活水準の向上だのといった複数の趨勢命題の羅列の域を出るものではなく、「なぜそのような趨勢が生じるのか」という原因の説明を提供するものではなかった。例外的に「原因」が取り出されるときには、ウェーバーの「資本主義の精神」論を念頭において、信念体系、価値観の変化が重視された。

なぜそのように精神文化面での変化が重視されたかというと、マルクス主義の経済決定論に対する反発もあるが、やはり回顧的に見たとき気づかれるのは、「近代から現代への転換」は二〇世紀初期から前半という時代においてまさに同時代的な、今ここで起きている変化そのものであり、研究者たち、思想家たち自身の経験、彼ら自身において起きつつある価値転換、視野の転換

（文化史上「モダニズム」と呼ばれるような変動）そのものが、転換の結果というよりその転換そのものとして意識されていたのではなかったか、ということである。

だがやはり欠如が目立った「近代から現代への転換」の原因の説明について最も有力な説明を与えたのはマルクス主義である。もとより近代の生成については、史的唯物論において「封建制から資本制への移行」図式はつとに与えられていたのであるが、二〇世紀においても、マルクス『資本論』では説明しきれない状況に対して、当時の帝国主義論を独占資本主義論と読み替え、大衆社会状況における労働者の体制内化にも労働貴族論などで対応した。そこには生産力の発展、生産力と生産関係の矛盾とそれによる階級闘争の激化、革命、という、社会変動の法則的説明を与える仕掛けが用意されていたのである。社会学における見かけの多元主義と隠れた文化決定論とは、それへの反発に他ならなかったが、十分なオルタナティヴとなりうるものでもなかった。このように、歴史的な構造転換への問題意識、それを説明できる（とされた）理論の存在が、この時代、二〇世紀におけるマルクス主義者が、マルクス経済学の新古典派経済学に対する優越性を主張する根拠であった。

とはいえマルクス主義もまた盤石ではありえない。マルクス主義の図式に基づけば、二〇世紀は帝国主義から国家独占資本主義、資本主義の土台を支える自由な市場経済の規律が弱まり、それがもはや生産力の成長を保証できなくなり（資本主義的生産関係、私有財産制によって制約されるようになり）、ライバル社会主義との競争の中で衰退していく時代、のはずであった。実際一九七〇年代、戦後高度成長の終焉と石油ショック以降のスタグフレーションとケインズ的福祉国家に対する懐疑の高まりを、そのように解釈する向きもあった。

しかしその後の一九八〇年代に起きたことは、先進諸国についていえば、ケインズ主義的福祉国家に対する見直し、いわゆる「新自由主義」の名の下での、非裁量的、抑制的なマクロ経済（財政金融）政策と、「規制緩和」、競争重視のミクロ政策の流行であり、南米・東アジアにおけるＮＩＥＳ（新興工業経済）の台頭、そして東側社会主義計画経済の停滞と、そこでの市場志向の改革の進行だった。それでもなお、既にスターリン主義とは決別し、現存社会主義への幻想を捨てていた（はずの）西洋マルクス主義者たちには、若干の余裕があった――西側先進諸国における「新自由主義」はまさに資本主義の断末摩であり、いずれは崩壊する、そこでもなお「新自由主義」へのオルタナティヴの模索は続いており、エコロジーやフェミニズムを取り入れた社会民主主義政治の下で、労使共同決定や労働者自主管理企業主体の社会主義への道は残されている――という強弁はなお可能であるかのように見えた。

――一九九〇年代以降は、そのようなことを言ってはいられなくなった。八〇年代後半からの社会主義改革は革命へと突き進み、その結果従来の資本主義と社会主義を統合した新しい体制ができあがる――のではなく、通常の資本主義体制への転換が起きた。かくして、かつての一九世紀から二〇世紀へ、「近代から現代へ」の図式は、歴史理解の枠組みとしてはともかく、現在を理解するための枠組みとしては使命を終えたのだ。エリック・ホブズボームが言うように、フランス革命から第一次世界大戦勃発、そしてロシア革命までを「長い一九世紀」とするなら、ロシア革命、ソヴィエト誕生からその終焉に至る「短い二〇世紀」がおわり、そこから「長い（？）二一世紀」に突入したのだ、[1]と。しかもそれはマルクス主義が予想したような資本主義の終わりではなく、逆に社会主義の終わりとして。二一世紀はむしろ「資本主義だけ残った」（ブランコ・ミラノヴィッチ）時代として幕を開けたのだ。

今なお残っている一部のマルクス主義的左翼の中には、この時代を「資本主義の新たな段階としての新自由主義」と位置付けている者もいるが、そのように論じることは、本来のマルクス主義の理論、唯物史観そのものに重大な変更を要請するはずである（独占資本主義は資本主義の衰退局面であり、行き詰って社会主義に移行する、という予想が外れた理由を解明し、次に新自由主義が来た理由を提示せねばならない）。八〇年代までは新自由主義を事実問題として資本主義の断末摩と呼んで嘲笑っていたのに対して、現在では新自由主義を、現実に存在しているが本来あってはならないものとして規範的に論難する、というやり方に移行しているだけで、「それではなぜ新自由主義が勝利したのか、いまだに居座っているのか？」という問いに答えようとしていない。

とはいえ実のところを言えば二一世紀の展開は、規制緩和の甲斐もあってか、ケインズ主義的福祉国家の支持者としての労働運動の存在感は低下させたものの、「小さい政府」への華々しいアジテーションにもかかわらず、豊かな社会の仲間入りをした旧途上国＝新興諸国も含めて、主として少子高齢化が原因で福祉国家体制は継続している。更にそうした新興諸国を舞台に頻発した通貨危機、そしてアメリカのリーマン・ショックといったたびたび繰り返される金融危機と、日本における異例の長期経済停滞への関心は、かつて社会主義と一緒くたにされてイデオロギー的に排除された感もあるケインズ政策を本格的に復権させた。つまり現在は「新自由主義の勝利」どころではない、そんな単純なイデオロギー的スローガンで理解できるような状況ではないのである。

社会科学の世界においても、状況は混沌としている。マルクス主義の失墜とともにマルクス経済学はほぼ影響力を失して、主流派、新古典派経済学の天下にはなったが、そこでの研究の主流は個別具体的な政策課題や社会問題についての、統計データに基づいた禁欲的で丹念な実証分析であり、良くも悪くも大状況に対する大きなヴィジョンを提示するようなものではない。それでも経済学にはまだ、相対的にソリッドな理論的基盤があるだけましであり、実証的政治学は理論の後ろ盾を欠いたまま（あるいはゲーム理論に屈して）経済学的計量分析に傾きつつある。社会学も計量的研究については同様であり、事例に密着した実態調査においては人類学や歴史学に近づいている。マルクス主義とともに、その対抗理論を含めてグランド・セオリー全般が失墜した。新古典派経済学の理論はもちろん健在だが、そのグランド・セオリーとしての威信は消滅して、もっと地味な何かになった。

『資本論』の延長でおおむね理解できるような時代としての「近代」、からの偏差において現在を理解できるような時代としての「現代」が終わってもう数十年になる。それでは現在、つまりかつて「現代」と呼ばれた「短い二〇世紀」ではない二一世紀の私たち自身の現在を、そこからの距離において測れるような時代としての「短い二〇世紀」の像が明確にあるかといえば、決してそんなことはない。二〇世紀マルクス主義の段階論が提示する「現代資本主義」像をそのまま受け入れるのはやめた方がよい。なんとなれば、それ自体が「長い一九世紀」「自由主義段階」との対比において成立した像であり、もう少し言えばこの像を含めた一九世紀から二〇世紀、「近代から現代へ」の転換の構図は、更に大きな、社会主義革命から共産主義への到達、を終点とする歴史観の一部としてはめ込まれている。その歴史観が失効した以上、その部品の方ももはや無批判には受け入れられない。

本書に収める二つの論文は、このような「段階論としての二〇世紀現代社会論」の総括、とは言わないまでも在庫整理を、二〇世紀末から二一世紀にかけての日本の社会科学の片隅におけるいくつかの展開を主題として行ない、未来の社会科学の展望を切り開くための糧としようとするものである。第1部においては労働問題・労働史研究を素材に「近代から現代」を、第2部においては（労働問題との関連を強く意識しつつ）教育学・教育社会学を素材に「現代」以降をポストモダニズムとの関連において検討していく。どちらも研究史の全体を包括的にサーヴェイするのではなく、少数の個性的な研究者――学界全体をリードしたというわけではないが、一時強烈な存在感を発揮していた――をフィーチャーしていく。それは私自身の師、そして一時親しく付き合った方々を含んでいる。その意味では一種の自分史という色彩も強い。

そのような意味で本書は、拙著『社会学入門』[2]『「新自由主義」の妖怪』[3]の作業を引き継ぐものである。『社会学入門・中級編』[4]はこのような歴史的足場を失ったところで、現代社会学の実証研究を実際に行っていくための方法論を主題としていたが、本書では再び、そのような研究を行っていくために、若い学徒に踏まえておいてほしい、学問上の、にとどまらず現実社会のレベルでの歴史的前提を主題とする。取り扱われている領域はやや狭く偏っており、これら前著のように教科書として使っていただくわけにはいかないが、ヒントくらいにはなるだろう。

注

(1)エリック・ホブズボーム『20世紀の歴史——極端な時代』河合秀和訳、三省堂、一九九六年。
(2)NHK出版、二〇〇九年。
(3)亜紀書房、二〇一八年。
(4)有斐閣、二〇一九年。

市民社会論の再生　目次

おわりに――市民社会論の復権に向けて　169

市民社会論の再生——ポスト戦後日本の労働・教育研究

第1部　東條由紀彦の市民社会論の検討

――「近代から現代へ」再考

1　はじめに――段階論という思考

拙著『「新自由主義」の妖怪[1]』は、バズワードとしての「新自由主義」の用法の批判をテコに、マルクス経済学における段階論、資本主義の発展段階論の構造の検討と遺産鑑定を行うことを主題としていた。

マルクス没後、二〇世紀のマルクス主義が編み出した資本主義の発展段階論は、一九世紀から二〇世紀にかけて資本主義経済、それを含めた近代社会そのものが質的、構造的転換を経験した、という歴史観を整理された形で提示し、批判者を含めて二〇世紀社会科学全体の問題設定に決定的な影響を与えた。その影響は批判者にも及んでいるがゆえに、二〇世紀末の、マルクス主義的教義に基づいていた旧社会主義諸国の急激な体制転換と、それ以降の全世界的なマルクス主義の直接的な影響力の減退にもかかわらず、依然として持続している。

とはいえこの資本主義の発展段階論は、二一世紀の現在の時点から振り返るといろいろと問題含みである。まずそれは段階区分の基準、そして段階的な発展をもたらす原動力についての理解において多義的であいまいである。基準の有力な候補としては、ひとつは生産力の発展段階、つまりは生産技術と、それを運用する経営の組織形態、市場を含めた産業構造の変遷、発展であり（軽工業主導の時代には多数の中小企業の自由な市場が、重工業主導の時代には少数の巨大企業の寡占市場が経済の在り方を支配する、という風に）、もうひとつの候補は国家の経済政策の在り方の変遷、発展（自由な市場が支配的な時代にはそれと親和的な自由貿易政策や「小さな政府」が、寡占体制のもとでは管理貿易や弱者保護政策が支配的となる、という風に）であったが、どちらが基準としてふさわしいかについては理論的決定打はなく、実際の研究は折衷的になされてきた。

そして第二にそれ以上に重要なことは、段階論のもとでは一九世紀は自由主義段階、二〇世紀は帝国主義段階ないし独占資本主義段階と位置付けられてきたが、自由な競争的市場経済が衰退している後者は資本主義の本来の在り方から堕落、逸脱した病理的局面であり、資本主義の衰退期と位置付けられた。生産力の発展に伴い、初期には——それこそ産業革命期においては生産力の発展、新技術の開発を積極的に促したと思われる市場経済という仕組みが、更なる技術革新、生産力の発展にはむしろ不適合となり、巨大企業の発展に明らかなとおり、市場よりもむしろ組織的な計画の力がそれにふさわしい、とされた。しかしこの理解では、社会主義の停滞はもとより、二〇世紀末以降の情報通信革命をはじめとする新技術、新産業の勃興を説明することは到底できない。自由な競争的市場は経済の発展に伴って必然的かつ不可逆的に寡占化、独占化するという図式は現実に当てはまらないし、なにより社会主義圏における技術革新の停滞は、「自由な市場経済は、ある一定の限界を超えると、技術革新にとって桎梏となる」という古い理解をも裏切るものであった。

おおむね以上のような理解から『「新自由主義」の妖怪』では、古典的な「自由主義から独占資本主義へ」という理解を排し、代わって、あえて資本主義の発展段階を言うなら「管理通貨制とその国際的前提である変動相場制の確立の前と後」くらいが適切であろう、との理解を提示したが、これは古典的な図式を否定して無効化するものではあっても、それを書き換えて継承するものではない。かつその射程は経済学に限定されている。

しかしながら「自由主義から独占資本主義へ」という発展段階論の射程、また影響力は経済学を超えたものである。マルクス経済学は政治経済学を標榜するものであり、経済の発展段階がそれに応じて国家による政策の在り方を決めるし、また社会の階級構造をも決める、と考える。そうした理解から、二〇世紀における政治や社会の在り方も一九世紀のそれから質的・構造的な変容を遂げている、という発想へと連なっていく。非・反マルクス主義的潮流においても、「経済の在り方が政治・社会の在り方を決定する」という理解は批判され、拒絶されつつも、相互作用や大まかな対応は否定されない。そして「世紀転換期において何かが変わった」という広く抱かれた共通理解、時代精神（これを拙著『社会学入門』[2]ではモダニズムと呼んだ）に対して、ひとつの有力な知的資源を提供した。

つまり大まかにいえば、二〇世紀後半において「(狭義の)近代から現代へ」という歴史的な図式が確立し、市民革命・産業革命を経て成立した一九世紀の古典的な市民社会が、二〇世紀において大衆社会へと変化した、というストーリーが提示された。身分格差が否定され、誰もが市民ないし国民という同一身分として、法の下の平等を享受する市民社会が確立し、法治国家のもとで自由な市場経済が発展していったが、やがてそれは巨大企業がリードする独占資本主義に変貌し、人々は労働者・消費者としては大企業に、市民としては国家官僚制・巨大政党にコントロールされるようになった――と。つまり近代以前の封建的な身分制社会から、革命を経ての近代的な市民社会への移行、そしてその市民社会の大衆社会への変質、という図式が、非マルクス主義的な社会科学においても広く共有されたのである。またそれはマルクス経済学の段階論においてと同様、二〇世紀における変質をある種の逸脱、堕落(自律的主体としての市民たちの市民社会から、組織によって管理される他律的な大衆社会へ)としてイメージするものであった。この種の著作はもちろん枚挙にいとまがないが、代表的には、マルクス主義・非マルクス主義双方にまたがる潮流を適切に踏まえたユルゲン・ハーバーマスの『公共性の構造転換』[3]が挙げられるだろう。

それでは、『「新自由主義」の妖怪』における、マルクス経済学的な段階論に対する否定的な評価が、この「近代から現代へ」図式に対してもそのまま当てはまるかというと、話はそう単純ではない。とみに一九八〇年代以降、主流派経済学において理論的にはゲーム理論、実証的には計量分析の進展もあって、マルクス経済学の影響力は低下していくが、社会学や政治学、歴史学の方では、ポストモダニズムの影響もあって、新たな視点からこの「近代から現代へ」図式を組み替える試みが展開していた。本稿では日本におけるその一例として、日本労働史を専門とする東條由紀彦（一九五三年生）の一連の仕事をとりあげ、改めて資本主義の発展段階論のポテンシャルの確認を試みる。

2　市民社会の歴史家東條由紀彦

東條は東京大学文学部国史学科（高村直助らの指導を受ける）を経て、東京大学大学院経済学研究科に進学し、近代日本経済史と労働問題研究を専攻する（石井寛治、兵藤釗、中西洋、山本潔らの薫陶を受ける）。その後東京大学社会科学研究所に助手として奉職し、助手論文「日本近代の変容と女工の「人格」」で経済学博士号を取得する。その後学位論文をもとにした『製糸同盟の女工登録制度』[4]を、更にその延長線上の研究論文集『近代・労働・市民社会――近代日本の歴史認識Ⅰ』[5]『「労働力」の成立と現代市民社会　近代日本の歴史認識Ⅱ』[6]（後者は志村光太郎、劉隼と共著）を公刊したほか、門下生の志村光太郎と共著で『ヘゲモニー・脱ヘゲモニー・友愛』[7]をはじめとした、フロイディズム、西洋マルクス主義とポストモダニズムを意識した一連の理論書をものしている。

東條の歴史理論の中核にあるのは、日本における「近代から現代へ」の移行を、まずは労働市場に照準を合わせて、第一次世界大戦前後の時代における「〈分断的累層的労働諸市場〉から〈統一的位階層的労働力市場〉へ」の転換に見出し、それを「家を基本単位（東條的な言い回しとしては、マルクスの言う「個人（個体）的所有」における意味での「個人」、あるいは「人格」）とする「近代」の複層的市民社会から、（身体的）個人を基本単位とする「現代」の単一の市民社会へ」の転換と敷衍する、という図式である。『製糸同盟の女工登録制度』では諏訪地域の製糸業における労働市場・労務管理に即してこの転換が描き出されたが、東條においてこの「近代」像はすでに学部卒業論文たる「明治二〇〜三〇年代の「労働力」の性格に関する試論[8]」において確立していた。そしてその後この近代観は『近代・労働・市民社会』所収の諸論文により敷衍され、強化されていった。

「近代」においてはまだ自律的な裸の個人は析出されず、生産と消費の主体は家であり、個人はその部分であった。生産は市場向けに貨幣的利益を目標とする営業としてではなく、主として生存維持のための生業として行われていた。こうした自立した家同士の対等な関係としての市民社会、そこでの取引関係としての市場経済はもちろん存在していたが、そうした市民社会は基本的には同職集団であって、業種ごと、地域ごとに割拠するものであった。そのような複層性は「近代」が先行する「近世」「中世」から引き継いだものである。

もちろん「近代」が「近代」たるゆえんはそうした複層的市民社会群の間を更に媒介する単一

の市民社会が展望されるようになったからであるが、それは多分に実体を欠いていた。「近代」においてこの単一市民社会の担い手として発達してきたのが資本家的経営であるが、「近代」においてはいまだ資本家的経営は生産の具体的メカニズムを掌握し、支配することはできない。現場における生産活動や、そのための人材調達の実務はあくまでも同職集団が主役であり、資本家的経営は同職集団の割拠する複層的市民社会のはざまにあって、自民社会の実体をなす同職集団の外側から、商品の流通や信用の提供といった形で生産を間接的にコントロールするに過ぎなかった。すなわち、「近代」の資本家的経営は一人ひとりの労働者を直接雇用せず、親方的職人に一定の事業をまるごと請け負わせ、そのための人材調達と管理も親方に任せることが多かった。資本家的経営は、資産はもっていても技術においては生業の主体たる現場の同職集団に対して優越することはなく、何をなすべきかをよくわかっていなかったのである。

またもう一方の単一市民社会の新たな担い手、生産活動よりも秩序の維持を主務とする国家も、ローカルな諸市民社会の内在的ルールに直接介入することは少なく、社会秩序の維持の基本的な実務はそれら同職集団の自治にゆだね、国家の仕事はそれらの間の調整が主である、とされた。

それに対して「現代」は、資本家的経営が生産の具体的メカニズムを掌握する──資本設備を所有するだけではなく、その活用のノウハウ、技術をも支配し、労働者を訓練してそれを教え込み、何をなすべきかを直接指示するようになる。生産の支配者は生業の主体である同職集団と家から、営業の主体たる資本家的経営に移行してしまう。そうやって技術の支配者が同職集団と家から資本家的経営に移行するに伴い、生業の単位としての家はばらばらの生身の個人へと分解する。そしてそのような個人は資本家的経営と直接の関係を結ぶようになる。その時の個人はもはや生業から切り離されているので、市場で取引できるような特定の技術、技能をもはや持たない。そうした技術、技能は資本家的経営によって、直接の訓練によって叩き込まれる。ではその時労働者個人は資本家的経営と何を取引しているのか？　東條によればそれは、特定の具体的な仕事、技能ではない抽象的一般的能力としての労働力である。かくして「現代」においては〈分断的累層的労働諸市場〉からなる「複層的市民社会」は〈統一的位階層的労働力市場〉からなる「単一の市民社会」へと転換し、国家の役割も諸市民社会間の調整から、この単一市民社会の秩序の直接的な管理へと移行する。

こうした「近代から現代へ」の転換図式は、実証的には兵藤釗の大著『日本における労資関係の展開』[9]において提示された「間接的管理体制から直接的管理体制への転換」図式を継承するものであり、更にはマルクスが『資本論』準備草稿（いわゆる『直接的生産の諸結果』）において描き出していた「資本による労働の間接的包摂」から「直接的包摂」への転換、という図式を引き継ぐものである。マルクスにおいてこの「間接的／直接的包摂」の図式は「絶対的／相対的剰余価値の生産」の概念枠と同様、どちらかというと形式理論的なものであったが、兵藤の場合にはともかく東條は、当時紹介されつつあったラディカル経済学やレギュラシオン学派の「フォーディズム」概念[10]をも念頭に置きつつ、これを歴史的な転換の図式として理解したのである。

3　近代観の転換

今となってはあまりにも当たり前ともなったこのような歴史観はしかし、東條がこれを完成した八〇年代においてはまだ先駆的で挑戦的なものであったことに留意せねばならない。市民革命、産業革命以降の、一九世紀西欧を参照基準とする狭義「近代」から、二〇世紀を念頭に置いた「現代」への転換を問題意識の中軸とする二〇世紀的な社会科学のパラダイムを牽引したのは、マルクス没後の、資本主義の発展段階、という問題設定を導入したマルクス主義であり、二〇世紀における実証的政治学における集団理論にせよ、あるいは社会学における近代化論・産業社会論にせよ、それぞれにマルクス主義に対抗してそれぞれに「近代」から「現代」への転換を説明しようとした。ただそこでの基調は、マルクス主義における、一九世紀的な自由主義段階、市場経済の自律性に信頼がおけた時代の、個人的企業家が主役の資本主義から、二〇世紀的な独占資本主義段階、独占的大企業が主役で市場の自由な競争が歪められ、国家による介入が恒常化した資本主義への転換、という図式に見られるごとく、本来の自由で自律的な市民社会の「近代」から、国家や巨大資本などの組織が主役となり、市民的自律が後退した大衆社会の「現代」への転換、という理解であった。それに対して東條の提示した枠組みは、実証史学の展開を踏まえつつ、新たな「近代」そして「現代」像を提起するものであった。「近代」の市民社会は決して個人を単位としたものではなく、「中世」「近世」の身分制社会と連続線上にあること、そもそも市民社会と身分制社会は背反する対立概念ではなく、本来「市民」もまた一種の身分であること、近代的な市民社会とは脱身分制社会というより、単一身分制社会とでもいうべきものであること、しかし市民革命以降においてもなお、市民的権利を特権ではなく普遍的な人権とすること、すべての個人を市民とすることは実現された現実というよりは多分に理念、理想、観念に過ぎなかったこと――このような理解は今日ではむしろ常識に属するが、八〇年代日本においてはいまだ革新的なものであった。組織資本主義と大衆社会の時代とされる二〇世紀になってようやく、制度的にではあれすべての個人が単一の市民身分に位置付けられる社会が実現した、というべきなのである。

そもそも西欧においても普通選挙制の定着は一九世紀末から二〇世紀のことである。また伝統的なマルクス主義の構図では、労働組合の全面的な合法化は、団結や争議行為、団体交渉が自由な市場に対する独占的制限として非合法化された一九世紀的自由主義から、労働者の基本的な権利として容認され、国家によって保障される（特権化される）二〇世紀的独占資本主義への転換として位置づけられたが、そもそも一九世紀西欧において支配的な労使関係秩序の下では、労働者の団結はおろか個人レベルでの職場放棄でさえ刑事罰の対象になりえたのに対し、雇主側での解雇は当然のこととして団体行動も刑事罰の対象にはならなかった、つまり形式的なレベルでの労使の対等性は存在しなかったのである（この時代の労使関係は身分的支配関係だったといえる）。

だから労働組合は「組織の力で労働者個人の自由な契約の権利を制限することで、資本家との対等な関係を勝ち取る」という風に理解されるべきではない。むしろ「組織の力で労働者個人に実質的な契約の自由を保障しようとする」と考えられるべきなのだ。実際労働組合の合法化と、個人ベースでの労働者の契約の自由（雇用契約違反に対する刑事罰の撤廃）は時期を同じくしている。

もちろん東條はこのような認識に独力で到達したわけではない。たとえば、ピーター・ラスレットを中心としたいわゆるケンブリッジ学派の歴史人口学[11]、あるいはフランスのアナール学派のやはり長期の人口統計や物価統計を駆使した社会史[12]の成果は、二〇世紀的な資本主義の段階論を超え、より長射程の、唯物史観の発展段階論自体を疑問に付していく。「大文字の歴史」として記録されるような国家レベルでの政治史などと比較したとき、人々の日常生活、それを支える技術、経済の歴史は、非常にゆったりとしか変化せず、「革命」と呼びうるような不連続的な変動はめったにない。産業革命でさえ、長期的な統計を通してみれば連続的、趨勢的な変化として見えてくる。社会学が特殊近代的な現象とみなした核家族も、西欧においては中世以来のありふれた在り方だった。このような形で、「劇的変化としての近代化」「伝統社会と近代社会の断絶」といった歴史観への見直しは着実に進行していた。

とは言っても劇的な変動、不連続的な変化への問題意識が見失われたわけではない。六〇年代末あたりからの、広い意味でのポストモダン、並びにその同時代の人文社会科学においては、「意外とゆっくりとしか変化しない社会の実態」に対して、人々が世界を認識し理解するための概念枠組み、観念体系の方はしばしば大きな構造変動を遂げる、という認識が広がりつつあった。『知の考古学』[13]においてミシェル・フーコーは、アナール学派の指摘するような実体的社会史における連続性と対比して、彼のいう「エピステーメー」がしばしば遂げる不連続的な構造変動について語っており、その具体的成果が『狂気の歴史』『言葉と物』『監獄の誕生』として結実している。英語圏においても、社会史に転じる前のラスレットがロック研究に対して同様の問題意識で取り組み、更にJ・G・A・ポーコック[14]、クェンティン・スキナー[15]らの仕事を通じて、コンテクスト重視の思想史の方法論が確立していくし、ドイツではラインハルト・コゼレック、マンフレート・リーデル、ヴェルナー・コンツェらの『歴史的基本諸概念辞典』[16]に結実する「概念史」のプロジェクトが存在する。そこにおいてリーデルは「ゲマインシャフト／ゲゼルシャフト」、すなわち日本語的にいえば「共同体／社会」と訳し分けられる語彙の歴史を探究しているが[17]、それによるともともとGemeinschaft/Gesellschaft, community/societyといった言葉は、近代以降におけるような、閉じられた小規模な共同体と、開かれた大規模な社会とを区別し対比するような用いられ方はしておらず、しばしば互換的に用いられた。現実に観察できるのは、そうした言葉の用法、さらにそこから推察される、共同体と社会との区別（それが現実に存在していようがいまいが）にあまり頓着しない思考法、世界観から、そうではない世界観、概念枠組みへの移行、転換であり、実態としての社会が、共同体優位から市民社会優位へと革命的に移行した、というものではない。こうした展開がのちに「（歴史学における）言語論的転回」につながるわけであるが、それらについても東條は当然意識していたであろう。

とはいえもちろんより直接に東條に影響を与えたのは身近に親しんでいた日本近代史と労働問題研究における成果である。実態レベルにおいて「複層的市民社会としての近代」のアイディアを固めさせたのはもちろん兵藤『日本における労資関係の展開』であり、また中西洋の論文「第一次大戦前後の労資関係」(18)であり、それを継承するものとして東條の製糸女工、タタラ職人、鉄道工夫、タコ部屋の研究は展開されている。

兵藤、中西、あるいは小池和男も含めて、一九六〇年代に東京大学経済学部・社会科学研究所周辺にいた若い世代の労働問題研究者たちの間には、一定の問題関心の共有があったように思われる。すなわち、その当時「日本的」と呼ばれていた日本の経済、企業、職場、あるいは日本社会全体の特徴を、古いタイプの進歩史観に基づいて「遅れ」「封建遺制」と捉えることも、また地理的・文化的に日本固有の「文化」と捉えることも拒絶して、あくまでも普遍的な社会科学の言葉で――その当時はマルクス経済学が中心だったが、それに必ずしも限定せず――、個性的ではあっても異常ではなく、普通の社会科学で理解可能な現象として理解すること。更に言えば、そうやって「日本的」と当時内外から見なされていた日本経済・社会の特徴を、より新しいタイプの発展段階論――マルクス経済学の枠内で言えば、レーニンの『帝国主義論』、ヒルファディングの『金融資本論』を受けた二〇世紀資本主義の理論であり、日本、とりわけ東京大学においては宇野弘蔵の「段階論」であった(19)――の枠に照らして、「日本的」というよりもむしろ「現代的」であり、「日本的」と誤って呼ばれている特徴のほとんどは実は欧米「先進国」にも共通してみられるはずのものである、と考える。次世代たる東條の「近代から現代へ」理解はそれを、「近代」像の大胆な組み換えによって書き換えるものである。

しかしこの「近代」像の組み替え作業において、理論的に見たとき東條が最も影響を受けたのは、中西洋の理論的著作『日本における「社会政策」・「労働問題」研究』[20]（以下、『研究』）におけるイギリス労働政策史研究である。

4　中西洋の擬装された市民社会論[21]

中西の大著は増補版の副題に「資本主義国家と労資関係」と銘打たれていたことから明らかなごとく、「国家論」の著作であることを標榜し、また実際そのように読まれてきた。つまり、資本主義社会における労資関係の根底にある階級支配の関係を、市民社会レベルでの、資本主義経済の自律的メカニズムによって成立しているものとしてではなく、国家権力による外在的強制によって、初めて可能となっているものとして理解することを主張する著作として。[22]しかし以下に見るように、中西『研究』は「国家論」としてよりは「市民社会論」として読まれなければならなかった。つまりそれは「国家論」抜きの「市民社会論」としての経済学的労資関係論に対して、ただ単に「国家論」を付加するというようなものではなく、「市民社会論」自体の（そして当然に、それを踏まえたうえで「国家論」の）理解の変更を迫るものだったのだ。

中西『研究』「第三編　日本における「社会政策」研究の問題史」が英国社会に即して描き出した、近代国家における〈法〉の二層構造、「コモンロー（判例法）」と「スタテューツ（制定法）」の接合は、自律的経済社会としての「市民社会」の〈法〉、すなわち資本主義的経済法則の反映と、それに対する超越的主体としての「国家」の〈法〉、すなわち「市民社会」に対する「国家」の政策的介入手段、との二重構造として読まれることが多かったが、それは根本的に誤った理解である。むしろ『研究』が描き出したのは、「経済法則」にも「国家意志」にも換言できない固有のオーダーとしての〈法〉と〈所有〉であった。

以下に私なりの理解を示す。「コモンロー」は中央集権的国家としての英国における、統一的司法制度の下での判例の集蔵体――イギリス国家権力の支配下において普遍的に通用するルールの体系である。その限りで確かにそれは「市民社会」の〈法〉、すなわち、一つの普遍的ルールの下で対等で同格の「市民」的主体たちの織り成す《社会》のそのルール、である。しかしそれは長らく「土地所有」本位の〈法〉であり、そこでの「市民」的地位「市民権」の基盤である〈所有（＝財産）〉は資本主義的市場経済社会におけるような、「契約」を通じた「取引（＝交換）」によってその「価値」が承認されるものではなかった。すなわち、初期の「コモンロー」は自律的な資本主義社会の経済法則の反映と呼べるようなものではなかった。そこでの〈所有（＝財産）〉は「契約」によって「交換」されることによってよりも、「占有」されることによって、ま組織される社会ではなかったのである。

た（「交換」ではなく）「譲渡」されることによって（基軸的には「遺贈」／「相続」によって）社会的に承認されるものであった。つまりここでの「所有社会」としての「市民社会」はなお十分に「市場社会」、市場に売るべきものを持ち出す者たち、買うべきものを見出す者たちすべてにより組織される社会ではなかったのである。

やがて市場経済の発展は、〈所有（＝財産）〉を「契約」を通じた〈取引（＝交換）〉によって承認された「価値」という尺度でもって新たに意味付け直していく。「市民社会」は「市場社会」という側面を持つようになる。それが「所有社会」であることになお変わりはないが、そこでの〈所有〉は主に市場との関係で社会的に承認されるものへと変貌しているのである。このような〈所有〉の新たな定義を、「コモンロー」は主に商業慣行を判例の中に取り込む形でルール化していく。すでに見たように「コモンロー」は単に市場経済の内生的なルールの反映などではない。商業慣行＝市場経済の内生的なルールもまたそれ自体で「市民社会」の〈法〉、市場に売るべきものを持ち出す者たち、買うべきものを見出だす者たちすべてを律する普遍的ルールではあるが、それと「コモンロー」とは相互に独立であった。そして「コモンロー」はこの市場のルールを学習し、取り込んでいったのである。

しかし「コモンロー」は、土地取引や通常の動産の取引についてのルールを取り込むことはできたが、労使関係、雇用関係、労働力の取引関係のルールを取り込むことは十分にはできなかった。ここではむしろ、「スタテューツ」の方が決定的な役割を果したのである。

さて以上に『研究』のイギリス市民社会論を簡単に要約したわけであるが、そこにおける難点を指摘するならば、実は『研究』においては、なぜ労働力の取引関係のルールの法律化に「コモンロー」は失敗したのか、が十分に論証されていない。この論証の不十分さが、「コモンロー」を市場経済のルールの単なる反映と見做し、「スタテューツ」の介入を一種の経済外的強制、「労働力商品化の無理」の国家による救済と見做す、広く流布した誤読を誘う根本原因である。実際『研究』「第一編　日本における「社会政策」・「労働問題」研究の方法史」ではそのような理解も提示されていたのであり、そうした誤解に中西自身の責任もあることを看過することはできない。売り手と買い手が対等であると見倣す「コモンロー」によっては、不対等な関係としての労使関係、雇用関係のルール化はできず、よって「スタテューツ」の動員が必要になった、という理解を許す記述を、中西自身がなしていたのである。

しかし繰り返すが、それでは「コモンロー」を「市民社会」に、「スタテューツ」を「国家」に機械的に振り分けることになってしまう。だが私が述べたように理解するならば、問題は「市民社会」の限界＝「労働力商品化の無理」の「国家」による克服ではなく、「市民社会」の「市場社会」化に対応しての、「国家」の変貌――「コモンロー」の「市場社会」の〈法〉化と「スタテューツ」の進化――としてとらえねばならない。「コモンロー」には「国家」の側から観察された「市民社会」の「市場社会」化が刻み込まれている、と考えねばならないのである。となれば、「コモンロー」の限界、それが労使関係、雇用関係をルール化できなかったことの「スタテューツ」による克服の論理に対する解釈は二通りあることになる。第一に、それは「市場社会」が自生的に結晶化させていた労使関係、雇用関係のルールを「コモンロー」が取り込みえなかったからである、という解釈。そして第二に、それは労使関係、雇用関係のルール化はもはや「市場社会」の内生的なルール化によっては十分に組織されえず、「国家」は単に「市民社会」の自生的秩序を観察して記録するだけにとどまらず、それを積極的に作り替える必要に駆られたからである、という解釈。『研究』はこの二つの解釈に対して開かれているが、そこから先へまだ十分に踏み出してはいない。

中西の『研究』におけるこうした問題系を適確に読み取って批判的に発展させた作業としては、森建資の労作『雇用関係の生成』[23]がある。それは「コモンロー」がイギリス市民社会が自生的に結晶化させていた労使関係、雇用関係のルールをかなりの程度取り込みえていたことを論証しようとするものである。一見それは「スタテューツ」の意義を小さく見せることによって中西の立論に異を唱えているようにも読めるが、「市民社会」を「市場社会」と同一視せず、不対等な身分関係をも孕んだものとして理解すること、そして「コモンロー」をそのようなものとしての「市民社会」の〈法〉の体系化と見倣すこと、において忠実に中西の問題提起を受け継いでいるのである。あるいはまた『製糸同盟の女工登録制度』以来の東條の作業も、日本の「コモンロー」なき「市民社会」に日本国家権力が接近し、その〈法〉を解読し、介入していくありようを描くものとして読むことができる。かくして、森、東條の仕事にいたって決定的に、対称的・水平的な市民社会と非対称的・垂直的な国家、という二分法は解体され、それ自体非対称的で傾斜した構造を孕むものとしての市民社会のダイナミックな像が描き出されるようになる。

繰り返しになるが、マルクス主義を含めた古い社会科学においては、身分社会と市民社会はかなり単純に区別され、近代化とは「身分から契約」へ、身分単位の封建社会から身分なき市民社会への移行である、という図式が提示されていた。マルクス主義的に捉えられた資本主義とは、そのような身分的差別を排した水平的な社会、すべての人々を平等な市民たらしめた市民社会において、新たな差別としての階級格差、資本賃労働関係の全域化を意味した。オーソドックスなマルクス主義においては、階級支配、資本家による労働者階級への権力行使は、基本的にこのような資本主義経済の自動的なメカニズムから生み出されるものとされ、国家権力はただ資本家階級の利益のために私物化されたものと捉えられがちであったが、中西もその学統を継ぐ日本の社会政策学は、マルクス主義だけではなくドイツ社会政策学や英国のフェビアン主義などの問題意識を継承し、資本主義社会における国家の役割をただ単に資本家の利害の代弁に求めるのではなく、総体としての資本主義のメカニズムの維持に求め、そのために労働者階級の利害にも一定の配慮を行い、場合によっては労働者の政治参加をも認め、資本家と労働者の交渉機構としての役割を担うべきものと捉え返していた。一九七〇～八〇年代はまた欧米でも、六〇年代の大学闘争の余燼のなか、西洋マルクス主義社会科学の勃興の中で「国家の相対的自律性」といった議論が展開されるようになっており、中西の『研究』もまたそのような、ニュータイプのマルクス主義国家論として、フランクフルト学派やグラムシなどの西洋マルクス主義に親しんでいた東條ら後進に読まれていたことは想像に難くない。しかしながら実際には、中西のヴィジョンは決してそのようなところに収まるものではなかった。中西自身のその後の仕事はもちろん、それと並行してなされた後進の森や東條の仕事は、まさにそれを示している。

そこでは資本家と労働者の関係は、オーソドックスなマルクス主義が描くように「形式的には対等な契約を通じて、不平等な支配関係が成立する」という風には捉えられてはいない。ともすれば中西の仕事は、西洋マルクス主義国家論のように「このような非対称的な支配関係を貫徹するために、国家の暴力装置・イデオロギー装置が必要となる」という風に読まれがちだったが、実はそうではなかったし、それは森や東條らによる継承によってよりはっきりとしてくる。すなわち、資本主義社会における資本家と労働者の関係は、ミクロ的には雇用契約という形式をもって律されるが、この近代的な雇用という仕組みは、伝統的な身分的人身支配の枠組み、奴隷制や奉公人制と、自由な契約関係のアマルガムである。それはいわば「自由な契約をもって自発的にある身分的関係の中に入り込む」という仕組みである。近代的な市民社会とは、その内側に身分関係を温存し続けており、資本主義経済はそうした仕組みを利用して成立しているのである。

5　東條における「近代から現代へ」

市民社会から大衆社会へ、ではなく、身分制的で、個人本位ではなく集団本位的な複層的市民社会から、組織による管理統制に囲まれているとはいえ、個人を基本単位とした単一市民社会へ、という形で一九世紀的な「近代」から二〇世紀的な「現代」への移行を図式化する、この東條の仕事は、日本の社会科学におけるポストモダニズム受容のよき成果として挙げることができよう。その影響は近年では例えば松沢裕作による精力的な日本近代社会史研究[24]によく反映されている。しかしながらそこには問題がないわけではない。

第一に東條の仕事においては、「近代」の描像が比較的ヴィヴィッドであるのに対して、「現代」の描像は相対的に質感を欠き、稀薄である。「現代」における東條の具体的な分析対象は戦時動員期の中島飛行機における雇用管理、戦後占領期における東宝争議、北海道茅沼炭鉱の労使関係などであるが、それらは「近代」分析に比べるといまひとつ歯切れがよくない。具体的に言えば、それが高度成長期からそれ以降まで含めての日本の現在までをも通底するあるロジックを適切に描き出せているといえるかどうか、心もとないのである。

先[25]に東條と並ぶ中西の問題意識の継承者として森の名を挙げたが、彼は一次史料に沈潜しての実証分析の中で、丹念に大企業における雇用管理の実態を追跡する一方、雇用関係そのものの揺らぎと多様化、「請負」や「委任」との交錯についても思考をめぐらせている。[26]それは一方ではアメリカを中心とするグローバル企業のエリート経営者のような労働者＝雇人を生み、他方では「偽装請負」において話題になるような弱い立場の自営業者、フリーランサーを生んでいるわけである。森の『雇用関係の生成』は労働組合や企業組織を単位とする、集団的な秩序としての労使関係とは区別されるものとしての、極限的に言えば個人としての労働者を基本単位とする雇用関係の、身分制を内包した市民社会の基本的構成要素としての重要性をフィーチャーしたものであるが、彼の眼はそこから、雇用関係それ自体の相対化へと向かいつつあるように見える。実際森は農業史家としての顔をも持ち、ことに英国から北米大陸への移民に対して、それが「労働力移動」というよりも農地を求め、労働者あるいは小作農から自作農への移行を目指す人々であったこと、また当時の英国の植民政策が、労働問題の植民＝自作農化による解決を展望するものでもあったことに注意を喚起している。[27]

これに対して東條の方はどうか？　彼は「近代」の「複層的市民社会」における雇用を〈雇用報酬制〉、「現代」の「単一的市民社会」における雇用を〈雇用契約制〉と呼んで区別するが、[28]その際のポイントは以下のとおりである。前者においては、すでにみたように、資本家たちと現場の労働者たちは基本的に別の市民社会に属し、資本賃労働関係はその境界をまたいだ関係となる。資本主義的企業、資本家的経営は現場の労働者を直接掌握し管理するよりも、現場の労働者を統括する親方層とのみ直接取引し、現場の差配は雇用管理や作業の実行を含めて親方層に委託する

（これは請負や委任に近い）。これが重工業などで見られたいわゆる「内部請負制」である。他方また軽工業、ことに繊維産業での女工などの場合は、取引関係は企業と労働者たる女工ではなく、企業と女工を人格的に支配する家との間に成り立つ。これに対して後者においては、資本家と労働者は同一の法を共有する同じ市民社会に属する者同士として、対等な契約を結ぶが、その際労働者は、いまや生産過程を直接に掌握した資本家的経営＝雇主に対していわば「自発的服従」をすることになり、前者におけるような、「親」（親方、家長）によるあからさまの支配から解放された分、内面的な抑圧を抱え込むことになる。実際には雇主との取引において差し出すべき財産を何も持たないプロレタリアート（無産者）である労働者は、「労働力」という財産を所有し、それを売り渡しているのだ、というフィクションに固執することで、ようやく雇主、資本家との対等性をフィクショナルに確保する。

このような東條の枠組みは、中西や森とは異なり、かなりはっきりと西洋マルクス主義――具体的にはフランクフルト学派、フロイト左派、あるいはグラムシ派、更には廣松渉の物象化論――の影響を受けている。森の場合、現代的市民社会もなお――というよりかつてとは別の形での複層性をはらんでいることを強調するのに対して、東條の場合には抑圧、支配の内面化を対価として、現代市民社会の外面的な均質化が達成される、という構図が提示されている。森は「労働力商品などというものはもとより存在せず、従って労働力商品の売買なる取引もあり得ず、存在しているのは雇用や請負といった取引である」と明言しているし、ローマ法にまでさかのぼり西欧の労働をめぐる「法」を分析した中西もまた、どちらかというとそのような発想に近い。『《賃金》《職業＝労働組合》《国家》の理論[29]』において中西は、イギリスのみならずドイツ、フランス、イタリアをも射程に入れ、イギリスにおける雇用は比較的商品の売買に近い形で観念されているのに対して、大陸諸国ではむしろ賃貸借に近いものとして観念されている、と論じる。そのうえで中西は、雇用関係、賃金労働の複雑性、身分と契約、自由と不自由のアマルガムを、一方における経営組織を構成する正規メンバーたるホワイトカラーや専門職に対する身分保障としての「給料」、他方における、経営にとって外部労働市場から適宜調達するに過ぎないブルーカラーや奉公人に対する、個別的な労働への対価としての「賃銀」を両極としつつ、やがてその両極から、同じひとつの「報酬」へと収斂していく、という展望を描いていた。もちろん中西と森の間の相違は小さくないが、どちらもマルクス主義的、あるいはマルクス的な「労働力」という概念、労働力という商品の売買として雇用という形式を理解しようというやり方からは距離を置いている。しかしそれに対して東條は、現代市民社会、資本主義を生きる人々が、そこにある身分制という身もふたもない現実から、雇用関係が身分的取引であるという身もふたもない事実から目を背け、それを対等な者同士の契約であるというふりをするために、ありもしない「労働力」というフィクションに固執している、との図式を提示している。

しかしながら実際に東條が挙げる「現代」の事例の解釈にあたっては、このような「「労働力」というフィクションへの固執」という理論が必要不可欠なものとはどうしても思われない。

伝統的な「自由主義から独占資本主義・帝国主義へ」「市民社会から大衆社会へ」という形での古い「近代から現代へ」図式に換えて、東條らが提示した「個人ではなく家・団体主体の、隙間だらけの複層的市民社会から、個人主体の、官僚組織によって統制された単一市民社会へ」という新しい「近代から現代へ」は、教科書としてのマルクスの読み方をも変えるものであることは既にみたとおりである。おおむね『資本論』が描いた通りの世界としての一九世紀「近代」から逸脱、転換し、資本主義が行き詰ってむしろ社会主義に近づいてさえいる世界として二〇世紀「現代」を捉えようとする立場から、マルクス『資本論』が展望していた資本主義の基本原理――市民社会の全域化、あらゆるものの商品化、等――の浸透がいまだ不徹底で、その可能性が理念的に展望されていたにとどまる一九世紀「近代」から、それがより徹底された二〇世紀「現代」へ、という風に。しかしそれは徹底すれば、伝統的なマルクス＝レーニン主義の克服どころか、もはや西洋マルクス主義、マルクス・ルネサンスの枠さえ超えていかざるを得ないのではないだろうか？

6　疎外論再考

もちろん東條自身は生真面目にオーソドックスに、西洋思想の嫡流としての西洋マルクス主義を継受しようとしている。そのモチーフを尊重して整理してみよう。

平田清明や廣松渉を経由した[30]東條の疎外論、物象化論はもちろん二〇世紀後半の先進国の高度産業社会に生きる知識青年なりのヘーゲル、マルクス継承である。

それを念頭に置いたうえでまずはヘーゲル的な構図を示すと、そこでは世界に向き合いそれを認識する理性的主体は、単に世界を観照するにとどまらず、そこに積極的に介入する（ヘーゲル＝マルクス流にいえば「労働」する）。欲求を持ちそれを満たそうと世界の中で行為する（労働する）主体だからこそ、そのために認識を行わねばならない。しかしそのような行為による介入は、常に成功するとは限らないし、またそのことによって世界そのもののありようをも変えてしまい、その結果、行為に成功したにもかかわらず、どころか行為の成功ゆえに認識が失敗する、ということがありうる。通常は、正しい認識が行為の成功に導く、はずなのに。

このようなリスク、不確実性が不可避であることを疎外 Entfremdung, alienation と呼ぶとしたら、ヘーゲル的主体とは、疎外のリスクを冒しながら世界に積極的にはたらきかけていく主体である。このような主体は個人だけではなく、人間集団としての国家もまたそこに含まれる。国家に内包された市民社会において、諸個人はこうしたリスキーな営みに果敢に挑戦し、一人ひとりは成功したり失敗したりするが、その全体を監視し調整する官僚の存在が、社会全体としての破綻を防ぐ。とは言ってもまた国家は孤立した単独者ではなく、他の諸国家との間で、やはりリスクにさらされた主体として存在する。

このようなリスクと闘争の巷としての世界の救済はヘーゲルの場合には神の仕事であるが、二〇世紀におけるヘーゲルの無神論的な解釈者のアレクサンドル・コジェーヴは、もちろん同じく一九世紀におけるヘーゲルの無神論的な解釈の先達マルクスを意識しつつ、経済成長の果てにこのリスクと闘争の終わり、「歴史の終わり」を展望する。そこでは欲求と現実の齟齬にもはや悩まされなくなり、葛藤から解放された人々は、「動物」と化す、とコジェーヴは不気味な展望を語る。(31)

とはいえコジェーヴよりもまずマルクスについて語らねばならない。マルクスは、ヘーゲルが国家の中に押し込めようとした市民社会こそが、世界そのものであり、国家は逆にその部分にしか過ぎない、と展望した。ではそこでは人々は等しく同じリスクにさらされる市民、ブルジョワかと言えばそうではない。形式的にはみな等しくブルジョワであっても、実際には財産を所有することで安全な地位に居座れるブルジョワと、財産がないゆえに常にリスクにさらされ、報われることがないプロレタリアとに、人々は分断されてしまう、というのが、市民革命と産業革命以降、市民社会が世界を覆っていく一九世紀に対する、マルクスの時代診断であった。誰もが等しくリスクにさらされ、疎外されつつその克服に向けて戦っている、のではなく、プロレタリアート、労働者階級が、社会における絶対多数派であるにもかかわらず、疎外による苦痛を一身に背負っている、と。

こうしてみるならば、ヘーゲルにおいては疎外とはいわば逃れがたい人間の条件であり、現世を生きる現実的存在としての人間には常について回るものであり、国家でさえそこから自由ではなく、その絶対的超克とはつまるところ神の座であるということになる。これに対してマルクスによれば、疎外の苦痛は人間だれしも同様にではなく、不平等に、階級的に配分されているのであり、この階級支配を打破することによって克服されるべきものであった[32]。

しかしこの階級闘争、革命、それによって実現されるべき共産主義は、とりわけヘーゲルにおける人間的自由という契機を肯定的に継承しようとする西洋マルクス主義者たちにとっては、市民社会の否定というわけではなく、むしろその高次における再建である。財産でさえ否定されるわけではない。多分にレトリックにすぎるが、マルクスによれば否定されるのは私的所有であり、個人的所有という形で人と物との関係としての所有は再建される。つまりこの歴史観において、プロレタリアートの解放は、奪われたものの回復、本来権利として得ていたはずなのに奪われ、失われてしまったものの奪回、という意味合いを帯びている。東條もまたこのような意味でのマルクス主義を継承しているがゆえに、「現代」における労働者が「労働力」というフィクションに固執することでなんとか市民社会のメンバーとして自己確認をしながら、そのことの自己欺瞞性に苦しむ、という理解を提示しており、そうした疎外の克服を目指すマルクス主義を含めた近代ラディカリズムを、没落プチブルジョワの失地回復志向と捉えた上で、自らの実践的な立場をもまたそこに重ねるのだ。

しかしそのような理解は果たして、旧来の段階論を書き換えて提示された、東條自身の「近代から現代へ」図式と整合的なのか？　仮に矛盾することはなくとも、構成要素として必要不可欠のものなのか？

東條の議論に対してはいくつもの疑問がすぐ浮かび上がる。ひとつには、そもそも「労働力（商品）（commodity）labor power」[33]という言葉は、現代の統計的・人口学的言葉遣いとしての「労働力 labor force」とは異なり、決して当事者的、日常的語彙ではなく、学術的かつ常識批判的な言葉遣いである。マルクスは常識人や主流派経済学者が、雇用をはじめとする労働の取引を「労働の売買」と表現することに異を唱え、事態をより正確に表現するために、実は雇用において取引されている対象は行為としての労働そのものではなく、労働を行う能力、すなわち労働力の方だ、と喝破したのである。ただそのように喝破したことによってマルクスが何を目指していたのかはいまひとつ明らかではない。マルクス自身は、ただ単に資本主義を打倒するための革命を奨励するだけではなく、資本主義の中でも労働運動を通じて労働者の権益を守り、その地位を向上させることをも促していた。そうすると「労働力」という批判的な概念も、ただ単に資本主義の欺瞞を告発するためにだけではなく、それによって労働者が資本主義の中で置かれている状況を正しく認識し、その中で労働者の権利を守り、福祉を向上させるための道具として用いることが意識されていたのかもしれない。だが実際には「労働力」という概念は、そのような意味で新たな日常語として現代資本主義の中に定着することはなかった。そう考えるならば東條の、労働力というフィクションに労働者が縋り付く、という表現は、「現代」の形容として決して適切とは言えない。批判的な概念としての「労働力」は、雇用関係の不思議さを理解するために、今でもそれなりの有効性を発揮する可能性はある。しかし普通の人々の当事者的な言葉遣いとしてはだめだ。

むしろ我々は森のように、あるいは中西もそうだったかもしれないが、あらゆる取引を「売買」の変形として理解しがちな古い経済学の枠から離れて、法的な言葉遣いを真に受け、売買とは別種の契約、取引関係としての雇用、請負、賃貸借、消費貸借、委任、信託等々についての理解を深めて、その中で、雇用を中心としながらも必ずしもそれにとどまらない、請負なども含めた労働の取引の多様性について考えなければならない。「市民＝自由人でもある奴隷」という賃金労働者という存在の面妖さを語るには、もう少しデリケートな言葉遣いが必要ではないのか[34]?

また我々は、そもそも「失地回復」というマルクス的なストーリーが、果たして東條的な「近代から現代へ」という図式とどこまで整合的なのか、についても疑問なしとはしえない。「近代」にせよ「現代」にせよ、果たして労働者とは没落したプチブルジョワ(のようなもの)なのか?「近代」においては同職集団の親分子分関係の中で、あるいは家の「コ」として、親方や家長を主体とする取引において、右へ左へと動かされる対象であった者たちが、資本家的経営の成長の中で、既存の同職集団や家の規制力が弱っていく隙に、あるいは自由な市場の中で、あるいは親方たちから独立した自分たちの団結を通じて独立を達成していって「現代」に突入する、というのが東條の理解する転換だとするならば、それを「失地回復」というストーリーテリングの中に回収してよいものだろうか？　いや実際ほかならぬ東條自身が、すでにバブル崩壊前夜に書かれた『製糸同盟の女工登録制度』の段階において、バブル崩壊にはるかに先立つ七〇年代において、「労資関係そのものの腐朽化」を見て取り、「労働力というフィクション」それ自体の維持しがたさについて予感していたというのに？

そもそも社会史的に見たときに、賃金労働者階級の起源を、産業化、経済成長に伴う、農民層分解、中間層分解に求める――中小零細自営農民・商工業者が、少数の資本家と多数の無産労働者に分解していく――見方（マルクスの場合ここに更に、イギリス農業における「囲い込み」を通じての強引な農民層分解が強調される）にどれくらいリアリティがあるのか、については議論の余地なしとはしない。むしろ農業革命、産業革命、そして生活水準の上昇（しかしそれは多くの場合すぐさま人口増によって相殺されるのだが）に伴って、従来は世代的に再生産されない、社会的に周辺的な存在、独立した身分を構成するというよりは、農民や職人のライフサイクル上の一局面でしかなかったか[35]、あるいは生涯その地位にとどまった場合には、身分制社会そのものの周辺ないし外側に零れ落ちた賤民であった無産労働者が、世代的に再生産され、「階級」となっていった、と考えるべきだ、という理解[36]も無視できない。後者を念頭に置くならば、「現代」における労働者の疎外とそこからの解放を「失地回復」とイメージすることは適切ではない。むしろ異郷に放り出された者がどうにか新しい居場所を見つける「エクソダス」に近い。とはいえ通常「エクソダス」の物語においては『出エジプト記』がそうであるように、厭わしい現状がまずあって、そこからの脱出に力点が置かれ、脱出先の新天地で待ち受ける苦難については相対的に関心が薄くなる。「現代」の労働者の疎外と解放の物語は、「乳と蜜の流れる地」などではないカナンに既に着いてしまった者たちの、定着するまでの苦難の物語に近いだろう。

7 労働力というフィクション

神話的イメージに拘泥するのはあまり生産的ではないので、もう少し具体的な水準に話を戻そう。東條的に「近代から現代へ」の推転を理解する、またハーバーマスの『公共性の構造転換』もそれに合わせて読み替えるならば、「近代」において生じたことは「市民社会」の理念の確立と、社会の実態における、個人よりも伝統的な家や団体に基盤を置く複層的市民社会の展開である、ということになり、そこでの資本家的経営や国家は、いまだ個人を直接に掌握するものではなく、諸市民社会のはざまにあってそれらの間を調整し、またそのはざまを仲介することから利益を引き出している。それに対して「現代」においては、より複層的市民社会の自律性が崩壊し、資本家的経営や国家などの近代的組織体がより直接に個人を掌握する一方、個人もそうした組織、更にそれら組織の基盤である市場を直接足場とすることによって、市民社会の基本的単位として自律を獲得していく。ただここで東條のように、「現代」市民社会では無産者を含めてすべての個人が、建前としては財産所有者でなければならない——財産という元手がなければ市場では活動できないはずである――ために、無産者は「労働力を所有する」というフィクションに縋り付かざるをえず、そのフィクションに実効性を持たせるためには、かつての労働組合が体現していたような、労働者間の連帯、団結が必要となる、と考えねばならないかどうかについては、議論の余地がある。

労働組合的な水平的団結がなければ、労働者の大多数が安全を確保するためには、「近代」における家のそれのような疑似共同体的機能を提供できる巨大企業に依存した方が有利である、ということになる。実際東條自身の「現代」の事例分析、北海道の炭鉱の分析も、戦後日本の労使関係が結局のところ東條が「従業員民主主義」と呼ぶ、産業民主主義の特殊日本的ヴァリアント、つまり労働者の団結が企業の境界線を越えず、本工と社外工、本社と関連企業の間の差異が労働者間における身分格差を形成し、組合もまたこの身分制内部の機構であるにとどまる、と示唆している。

東條が二村一夫との議論(37)でしつこく確認している通り、労働者の自然発生的な連帯、団結がローカルな職場、企業を基盤としてしまうのは自然なことであり、欧米における労働運動の主流が企業別組合ではない（ように見える）理由は、資本家的経営の勃興に歴史的に先行して存在した水平的連帯組織を、多くの労働組合はその歴史的起源に持っているからである。日本にはそうした伝統が希薄であるがゆえに、戦後の労働組合は戦前の労働組合以上に、企業内組織としての工場委員会や、戦時動員の仕組みとしての産業報国会の企業・職場組織を基盤とするものにならざるを得なかった。

しかしこうした共同体的企業に依存することは、せっかくの市民社会の良さをあきらめることにはならないか？　いやそれ以上に、共同体的企業といえども、それが資本家的経営である限りにおいては、その生存がかかったクリティカルな局面においては、従業員の生活保障よりも利潤の追求を優先せざるを得ない。いやそれどころか二〇世紀末の金融革新から始まり、二一世紀におけるＡＩ化の進行の中で展望されているのは、資本家的な営利追求が、もはや恒常的な経営組織の必要さえも低下させていきかねない――正規従業員というものを必要とせず、あらゆる労働力を外部のスポット市場から調達する企業というものが増えていきかねない(38)。そのような世界において無産者である個人を守るためには、しかも国家権力にすべてをゆだねるのではなく、市民社会レベルでの自助と自律を目指すのであれば、市場での選択の自由にすべてをかけるのではなく、水平的連帯を通じての集団的自助、労働組合的なものがないよりはあった方がよい。しかしそこでの団結の根拠に、東條がイメージするような「労働力というフィクション」は果たしてどこまで意義を持ちうるだろうか？

労働者がフィクショナルなブルジョワとして自己規律する、そのために「労働力」という財産の所有者として自己をイメージする、という図式は、言うまでもなく、フーコー『監獄の誕生(39)』における「内面」の創出を介した主体の自己規律、という図式と構造的に同じである。その延長線上にフーコーは更に、コレージュ・ド・フランスでの講義(40)において、一九七〇年代としては信じがたい解像度でいわゆる新自由主義、とりわけシカゴ学派の経済学における、資本家のみならず労働者や小農民までをも「ホモ・エコノミクス」と解釈する冷徹なスタイルの射程を明らかにしている。しかしそのような、つまり労働者までをも「人的資本」[41]の所有者にしてその効率的な運用者とみなすシカゴ・スタイルに、東條の「現代」論はどこまで拮抗しうるだろうか？

シカゴ・スタイル、というより新古典派的なアプローチから「人的資本」を真に受けるならば、その実態は基本的には、モノとしての身体それ自体と併せて、言語化、マニュアル化できない、それゆえに特許権といった形で知的財産化できないような知識、技能、いわゆる暗黙知である。それが個人特有のものであり、かつ専門職資格のように社会的に制度化されていれば、その交渉力は相対的に強力であり、またその連帯の形は雇用労働者の狭義の労働組合に限定される必要はなく、職能団体一般に及ぶ。

しかしまたそうした暗黙知の少なからずは、特定の職場から切り離しがたく、特定の労働者集団に共有された企業特殊的・関係特殊的技能である。そのような技能を交渉力基盤とする団結は、もちろん企業内組合のような形で成立し、機能する。二〇世紀の労働組合の基盤は、産業別組合を含めてここにある、と長らく考えられていた。しかしそのような企業特殊的機能は、資本家的経営にとっても大切なものであり、それに積極的に投資する価値はあり、それゆえもっぱら労働者たちの団結の基盤としてのみ存在しうるものではなく、経営による支配の基盤でもある。

更に言えば資本家的経営は利益追求、生存のためには、スクラップアンドビルドを繰り返す存在でもある。これに対して労働者の集団的財産としての企業特殊的・関係特殊的技能は抵抗力が低い。学習を通じての新技術への適応の単位としては、労働者集団は個人としての労働者に比べてどうしても劣位に立たざるを得ない。個人レベルの技能を支える場として労働組合が立つことも困難であろう。専門職の職能団体の場合はともかく、より一般的に見たとき、たえざる技術革新が進行する状況下での個人の技能の中心は、結局のところ訓練への適応能力、学習能力ということになりかねず、そうなると学校教育という制度に対して、労働組合は対抗的な存在感をどこまで発揮できるかは心もとない。更にそこに今日のＡＩ化によって、従来はマニュアル化できなかった暗黙知の一部が、見様見真似・試行錯誤の機械化としての機械学習によって外部化され、知的財産化、つまりは資本化されつつある。[42]

こうしたデリケートなありさまを捉える枠組みとしては、東條の「現代」論、とりわけ「労働力」の概念はそのままではあまり有効性を持つとは思われないのである。「労働力というフィクション」の「フィクション」において彼が捉えようとしたのは、今日の被雇用者、賃金労働者の「市民＝自由人でもある奴隷」の面妖さ、不条理さであった。しかしそれを言うならもともと奴隷という存在自体が不条理で面妖なのだ（裏を返せば自由人もまたそうなのだろうが）。戦時捕虜が主家によって買い戻されたり、主人によって解放されて自由人となったり、とかならまだよい。それらは身分制社会の枠におさまっている。自分で金を貯めて自分を身請けする、という現象をどう理解すればよいだろう？　他人の財産である奴隷が貯めた金とは、もともとその所有者のものではないのか？　あるいは奴隷の殺害もまた刑事罰の対象となることが早くから一般化していたことをどう理解するか？　このように考えるならば「実際には奴隷であるのに自分を自由だと思い込む自己欺瞞」の仕掛けとしての「労働力というフィクション」という魅力的な思考遊戯に浸るよりも、むしろ「奴隷であることと自由人であることは必ずしも相反せず、両者の相違は程度問題ではないのか？」という風に考えることも必要であろうし、またシカゴ学派風に「人的資本は単なるフィクション、つまり関係者の約束事としてのみ存在するというわけではなく、それに解消されえない現実性をも持つ」と考えることも有意義ではないか？

にもかかわらずなぜ東條が「労働力というフィクション」に労働者がすがる、という考え方をとるのかと言えば、その自己欺瞞、抑圧の苦悩、市民社会において自分たちもまたいっぱしの市民＝財産所有者であるというふりをすることのストレスが、資本主義との対決、変革へのバネとなる、という発想があるからではなかろうか。しかしながら改めて問わねばならない。仮にこの「労働力というフィクション」への労働者のコミットメントがあることを認めたとしても、そのストレス、疎外は変革へのバネと見なされるべきなのか、それとも苦悩を代価としつつ、資本主義の中で市民として振る舞うためのコストと見なされるべきなのか？　また労働組合の意義も、バネを束ねて革命へと準備するためにあるのか、それとも資本主義のストレスから人々を守る――と同時にそうやって資本主義の秩序を保つためにあるのか？　繰り返すが、実践的コミットメントを離れて、純粋に観照的に、実証科学的な見地に立つならば、「労働力商品」の売買よりも「人的資本」の取引における雇用、請負、委任その他の様々な形態の交錯、更にそれと奴隷制とのほの暗い密通について考える方が、はるかに実りが多いのである。

8 「近代から現代へ」再考

そもそも実証的な労働問題研究という見地に立ち返れば、東條が捉える「近代から現代へ」の転換における資本家的経営の人事労務管理上の中心課題は、正規従業員、中核的労働者の定着、長期勤続の実現であった。単純に言えば、景気が悪ければ、失業を怖れて従業員の定着志向は強くなるのに対して、経営は余剰人員を解雇したい。他方景気が良ければ経営としては子飼いの従業員は引き止め、更なる新規採用で拡大したいところであるが、業界、ないし経済社会全体の景気が上向きであればそれはライバル他社も同様であり、より良い雇用機会を求めて労働者は定着しがたい。これらは資本主義的市場経済が社会的に定着した条件を想定したものであるが、過渡期の「近代」においてはここに、いまだ資本家的経営の外に生活基盤を持つ（独立自営の副業を持つ、本家・郷里に帰ることができる、等）労働者をつなぎ留め、経営規律に服せしめる、という課題が加わる。

東條的構図では、「近代」の資本家的経営はこのような労働者の規律訓練、のみならず市場における調達等を自力で行うことができず、労働者個人への規律を同職集団や家に依存していたのに対して、「現代」においては労働者個人を直接に掌握するようになったが、その転換を後押ししたのは、日本の場合、二次にわたる世界大戦である。第一次世界大戦は日本に漁夫の利としての好景気をもたらし、労働者個人の複層的市民社会からの自立をもたらしたと同時に、資本家的経営の側にはもはや同職集団や家には頼らず、好待遇と厳しい規律を両立する自律的な経営システムの確立を促したし、第二次世界大戦における国家総動員は、生産現場の掌握はそれほどうまくいかなかったとしても、学徒動員などの経験も含め、労働市場における、職業紹介行政を介した新規学卒者中心の採用体制を戦後への遺産として残した。もちろんこの時代の日本について厳密な意味での「フォーディズム」を語ることはできないが、それはレギュラシオン学派が「フォーディズム」の課題――職場における厳しい規律と、好待遇との交換――とみなしたものと同じである。

しかし、資本主義というシステムを総体としてみたときには、資本家的経営はつねにその雇用労働者を定着させたいわけではなく、都合の悪い時には切り捨てたい、リストラしたい存在でもある。持続的経済成長が異例に長く持続した近代日本、あるいは二〇世紀中葉の先進諸国全体においては、ことに中核的従業員の定着は重要な経営課題だった一方で、仮に景気変動は無視したとしても、成長に伴う産業構造転換、経営のリストラクチャリングは労働者のスクラップアンドビルドを不可避とした。バブル期までの日本はそうしたリストラクチャリングにおいて、解雇よりも配転や再訓練による職種転換を中心に対応した企業が多かったことで「ジャパンアズナンバーワン」との声価を高めたが、バブル崩壊以降その声価は地に落ちた。

東條の基本的な枠組みはこの「ジャパンアズナンバーワン」時代にできあがっており、それゆえ資本家的経営の中心課題を「自由な市場という流動的場を前提としたうえでの、労働者の長期定着」というパラドクシカルな目標の実現とみなしているふしがあるが、これは特殊好況局面に引きずられたものである。定着だけが目標であるならば、厳密に言えばそこに自由な交通の場としての市場は必要ない。情報の十分な透明性さえあれば、計画経済的、官僚制的な統制による強制的な人材配分でも構わないことになる（戦時動員がそうだったとまでは言うまい）。拙著『AI時代の資本主義の哲学』で詳しく論じたが、資本主義経済の本質を「技術革新が持続する市場経済」と見做し、資本家的経営の主要課題をそこへの適応と考えるなら、人材に限らず資本設備についても、資本家的経営は新技術の開発と慣熟のためには、外部市場からの調達ではなく、内製を必要とする一方で、時代遅れとなった技術は、設備や人員ごと切り捨てることも必要とする。そのような意味で資本家的経営は、東條が考える以上にパラドクシカルな存在であり、東條の視野は好況局面についてはともかく、不況についてはは十分な解像度を持たない。

むしろ今日問われるべきは、かつての日本的経営のように長期雇用において組織的に囲い込まれるにせよ、あるいはAI化以降のギグ・エコノミーにおいてのように外部市場に放逐されるにせよ、ますます資本や国家によって浸透され、透明化されていく個人のありようをどうとらえるか、そのもとで労働市場を単なる人的資源の草刈り場としてではなく、市民社会の基盤としても機能させるために必要な、個人の水平的連帯とはどのようなものか、であろう。ただしそのような連帯は、ますます透明化していきかねない「現代」においては、無から作り出されうるものではない。二村と東條が日本における企業外における労働者団結の根拠の不在を慨嘆しつつ示唆したように、またより根本的には木庭顕がローマにおける市民社会の成立について論じた[43]ように、すでにあった過去の遺産を組み替え、読み替えることによって（部族社会における兄弟団的連帯を共和制における水平的政治結合に読み替えるように）なされるしかないであろう。ただ改めてここで問われねばならない。そうした結合は、確かに労働者を市民たらしめるため、労働者を市民社会の主役たらしめるためにあるのだろうが、それは資本の否定、資本主義の打倒によってか、それとも資本に抵抗しつつ、労働者を資本と折り合わせることによってか？　と。

更にここで一言言わねばならない。東條は「近代」における資本と国家を、市民社会に対して外在的な存在と位置付けた。「近代」における資本家的経営とは共同体と共同体、そして市民社会と市民社会の隙間、はざまに発生し、そこから市民社会へと手を伸ばしてくるもの、とされていた。市民社会レベルでの人々の生産活動は利益を自己目的化しない「生業」の範囲にとどまり、資本家的経営へと逸脱することは通常なかった、と想定されているようにも見える。

このようなヴィジョンはもちろん東條だけのものではない。中西洋の浩瀚なライフワーク『日本近代化の基礎過程：長崎造船所とその労資関係[44]』は、第一部の幕営長崎製鉄所を、輸入技術と在地の職人たちを動員して、どうやら近代的な造船らしき事業をでっちあげることには成功しても、事業を継続する事業体、企業経営というものの何たるかを理解できなかった（個別の船を造れはしても、造船所を造り経営するということを自覚的にはできなかった）局面として、第二部の工部省長崎造船所を、事業体、持続的な営みとしての経営の何たるかは理解でき、実行できても、ついに採算をとることができなかった局面として描いた。中西によれば、採算をとって自律的に存続可能な資本家的経営体として長崎造船所が自立したのは、三菱による買収以降のことであった。しかしその三菱長崎造船所の立ち上がりを描く第三部において、大資本としての三菱は既に出来上がったものとして外側からやってきて、既にあった長崎造船所を買収して合理化する主体として描かれ、三菱それ自体の生成と存立のメカニズムはブラックボックスとして解明の対象とはならなかった。(45)

しかしこのように資本を市民社会にとって、あるいは更に東條の言い回しを援用すれば生活世界にとって外在的な、疎遠なエイリアンとして描くというやり方は、どこまで有効だろうか？（実際中西も未完とはいえ三菱の生成史を論じ、後進は更に本格的な三菱研究を完成させている。(46)）近代日本経済史研究においても、輸入技術を核とした近代セクター中心、大企業中心の研究動向が転換し、在来産業への注目が本格化したのが、まさに東條の世代からであったはずである。(47)資本をもっぱらエイリアンとみなすような筆法が、近代化、更に近代から現代への推転を描くにあたって、どこまで有効か、がまさに問われつつあるのではないだろうか。

これは大げさに言えば、マルクス主義の失効以降の労働者の解放の、ないしは（「解放」が資本主義からのそれを意味するのであれば）その断念の上での自立のヴィジョンにかかわる問題であり、またヘーゲルかマルクスか、という問題でもあるだろう。ヘーゲル的に言えば疎外は避けがたい人間の条件、市民社会が絶えずはらむ緊張であったのに対して、マルクスによればそれは資本と労働の対立、階級闘争として現れ、後者を主役として克服されるべきものであった。マルクスとはまた別の形でヘーゲルを無神論的に継承したコジェーヴが提示した「歴史の終わり」のヴィジョンは、未来に実現するであろう状態をリアルに予想したものなのか、あるいは社会契約論における「自然状態」のように、理論を完結させるために要請された仮構、フィクションなのか、にわかには断じがたい。コジェーヴ継承者を自任するフランシス・フクヤマは『歴史の終わり』[48]で冷戦終焉によるリベラル・デモクラシーの勝利をこの「歴史の終わり」と呼び、その後の世界の混乱の中で失笑を浴びたが、この「歴史の終わり」を未来予測ではなく理論的要請と解釈するなら、資本主義とリベラル・デモクラシーに対するオルタナティヴを喪失した現在をこの言葉で理解することは決して不適切ではない。

しかしフクヤマ、そしてブランコ・ミラノヴィッチにならって『資本主義だけ残った』[49]ことを認めねばならない我々は、ここでマルクスよりはむしろヘーゲルに就かねばならず、労働者の解放、労働運動の本旨を、今更ながら資本主義の打倒などにではなく、前衛としての資本の暴虐に対する保守的な後衛としての抵抗、に求めねばならないし、それはあくまで、資本家的経営が暴走し、自らの存立基盤であるはずの市民社会を毀損することを防いで、市民社会を守ることではあっても、市民社会を否定することではない、とせねばならない（たとえば熊沢誠の労働組合論の本旨はこのようなものではなかったか）[50]。もちろん東條は市民社会を否定するのではなく、市民社会の主役の座を資本から労働者に奪還しようとするだけである、とは言える。しかしだとすれば問われるべきは、労働者の連帯のあるべき姿だけではなく、あるべき、ないしはよりましな資本家的経営とはどのようなものか、でもあることになる。「現代」においては資本家的経営、企業組織とは、市民社会にとってのエイリアンなどではなく、その内在的構成要素なのだから。しかも古典的な、大量の従業員を雇用する株式会社法人が、今後ＡＩ化の進展によって衰退する可能性さえあるならば、なおさらのことである[51]。

ここでなおヘーゲルを拒絶してマルクスに就こうとするのがいわゆる加速主義、ドゥルーズ＆ガタリの流れを汲んで、プロレタリアートになお前衛として、資本家的経営以上の革新者たることを要求する論者たちであるが、これにはつとに樫村晴香が予見したとおり無理がある[52]。『資本主義リアリズム』[53]のマーク・フィッシャーは鬱が悪化して自死し、九〇年代のウォリック大学でアンダーグラウンドな文化実験に興じたニック・ランドは、実験に病みはてた挙句、民主主義を否定し、ビッグ・テックに額づき、中国の国家資本主義を礼賛する『暗黒啓蒙』のファシスト・リバタリアンに転向した[54]。前衛であることと大衆であること、普通の人であることは両立しえない。そして労働者の解放を志向する思想は、普通の人のためのものでなければなるまい。労働者が、結局のところその唯一の資産を生身の身体と暗黙知に有する自然人であることから逃れられないのであれば、少なくとも労働者は、新しい技術を開発し、生産力を高める、という意味においては、（仮に市民社会の「主役」であったとしても）前衛にはなりえないのだ。よしんば勝ち抜いて前衛となったとしても、大概の場合そのとき人はもう資本家になっているだろう。(55)

9　「公共性の構造転換」再考

ここでやや天下りに、我々なりの展望を提示するならば、以下のようになる――

東條のいう「近代から現代へ」の転換とはハーバーマスのいう「公共性の構造転換」におおむね対応するものであるが、それはかつての「自由主義段階から帝国主義段階へ」といった資本主義経済の生産力的基礎構造の構造転換がもたらしたものではない。ハーバーマス的な問題設定に引き付けるならば、それは「市民社会の理念の確立から、そのある程度の制度的・実態社会的実現と、それへの幻滅」とでも形容することができる。(56)

東條のパースペクティヴに即すると、それはマルクスが『資本論』で展望していたメカニズムの、社会全般に対するより一層の浸透であり、ハーバーマス風に言えば「生活世界の植民地化」である。ただここでハーバーマスに即するならば、彼の問題関心の焦点はコミュニケーション・メディア空間、ジャーナリズムと文芸を通じて成立する公共圏の構造転換である。そこに着目するならば、「公共性の構造転換」とは大文字で書かれるべき歴史的に一回性の現象であるとは限らず、ある一定程度以上に社会的に普及したメディア（狭い意味での「メディア」技術に限らず、人々の間の交流を促す、広い意味でのメディア機能を果たすような技術、それにかかわる産業であれば何でも）に当てはまりうるだろう。[57]

「市場経済的な合理性や実用性からまったく外れた、マニアたちの共同体による熱狂とこだわりが、未成熟な技術を守り育てる。そして、何か（たとえば戦争、あるいは偶然）を期に、それが商品として一挙に浮上する。（中略）

しかし（中略）かつてのマニア的偏愛対象が商品として浮かび上がる時、マニアたちとその共同体は、置き去りにされてしまうのだ。あるいは、かれらが依って立っていた意志や理想が、現実の前にはっきり破綻してしまう。取り残されたかれらは、自分たちが大事に育ててきたもの（たとえばロック）が、卑しい目的のために利用され、汚されていると歯噛みしつつ、だまされ、馬鹿にされたような腑に落ちなさを感じつつ、やがて消滅するか、あるいは内向性を強めてゲットー化し、セクト化し、瑣末な内部抗争に明け暮れるようになる。[58]」

ここで山形浩生が書評している永瀬唯『疾走のメトロポリス』が、主題として取り上げている素材は、自動車、自転車、摩天楼、ボーイスカウト、アマチュア無線、ＳＦ、宇宙飛行と多岐にわたるが、いずれも山形の言う「パンクな増殖↓ポップ化↓商品化／産業化」というサイクルをたどっている。このサイクルはレイモンド・ヴァーノンが多国籍企業論の文脈で提示し、後に経営戦略論やマーケティング論において一般化した「製品ライフサイクル[59]」に対応すると言ってよいが、ここで注目したいのは、その初期局面、商業化が成功するか否かの瀬戸際までは、問題の技術なり文化なりは、基本的には愛好者の、採算を度外視した無償の情熱によって育てられるものである、というところである。このサイクルは「永瀬唯が意図的に取り上げなかった」パーソナル・コンピューティングとインターネットにも当てはまるが、おそらくはいわゆる「文化」全般、そして今日の言葉で言う「コンテンツ産業」――マックス・ホルクハイマーとテオドール・アドルノの言う「文化産業[60]」全般にまでかなりの程度当てはまってしまうはずである。

もともと学問、芸術、芸能、広い意味での「芸事」は、聖俗の権力者のお抱えになるか、あるいは家元制度や同人結社のように、愛好者の無償の情熱に支えられたボランティア事業＝社交として存続するか、が普通だったわけであり、多くの消費者からなる広い市場が、その芸で生計を立てられる専業者を支える、という近代的芸術――文化産業構図の方が例外だったと言える。あるいは学校教育についてさえ、かつての庶民のための日曜学校など、宗教的あるいは社会的連帯の運動によるフィランソロピーを母胎として初めて、初等中等レベルの義務教育が成立しえた、とも言い得るし、高等教育にしても、宗教組織の付属物でなければ、国家のためのエリート育成装置か、でなければ上流人士の社交場であるかのいずれかであった。労働組合や協同組合、更には社会主義運動なども、この枠組でかなりの程度理解できる。医療保険や老齢年金などがわかりやすいところで、もともとは労働組合や共済組合による水平的連帯の仕組みとして発展してきた事業がある程度の段階に達すると、民間の営利的な保険ビジネスと、国家による社会保障制度に取って代わられるというプロセスをわれわれは見ている。それはもちろん単なる過去のエピソードではなく、日本でもいままさに介護保険という制度の展開の中で現在進行中でもある。あるいは労働運動についてさえ、かつての労働組合の機能であった職業紹介機能は職業安定行政、更には民間職業紹介事業、果ては昨今ピンはねで悪名高い人材派遣事業に代替されてしまっている、といえる。

こうしたサイクルはいわゆる「市場の失敗」の一種としての「外部経済」だとか「収穫逓増」の結果として解釈することができる。教育を例に取るならば、ことに初等中等教育においては、教育というサービスの経済効果には強い外部経済性がはたらく、といわれている。もしひとりの子供が教育を受け、たとえば字が読めるようになれば、それによって新しい知識、技術を獲得して自分ひとりの生産性を上げることが期待できる。しかしそれがひとりにとどまらず、コミュニティ全体ですべての子供が字が読めるようになれば、それぞれの子供の生産性があがるだけではなく、子供たちの間の協力がスムーズに行くようになり、社会全体としてはそれ以上に生産性があがることが期待できる。

さて、ここで注目すべきはロック・ミュージックを念頭に置いた山形の「ポップ」という言葉遣いである。

「確か「商業ロック」ってのは、あらかじめ受け手の感性のレベルを計算して、打算的につくりあげられた音楽、みたいな意味だ。マーケットリサーチ型ロック、とでも言おうか。そしてポップな感覚というのは……なんだかよくわからないんだけど、あるスタイル（パンクでも、プログレッシブ・ロックでもいい）を生み出した、とんがった部分や気負い（それはパンク／プログレファンのコミュニティを結びつける意志でもあり、それを他の集団から明確に分離する意志でもあった）が風化し、硬直する中で、その意志をスタイルがあっさり振り捨てて一人歩きを始めた時の爽快感だ。もちろん振り捨てられた側は面白かろうはずもなく、「裏切りだ！　堕落だ！」という話になるのだけれど。でも、それによってそのスタイルは、一般性と大衆性と、そして商業性を獲得することになる。

今にして思えば、この両者は決して相反するものではない。むしろ、「ポップな感覚」は商業ロック出現の先鞭をつけるために必須のものであり、程度の差こそあれ、両者の間に明確な境界など実は存在しないのだ。(61)」

この「ポップな感覚」とは要するに「公共性」の感覚といってよい。「あるスタイルを生み出した、とんがった部分や気負いが風化し、硬直する中で、その意志をスタイルがあっさり振り捨てて一人歩きを始めた時の爽快感」は、にもかかわらずそのスタイルがいまだビジネスとしては一人歩きできない段階においても、草創期と同様に支持者たちの無償の情熱によって支えられることを可能とする。しかしその一方でこのポップな公共性感覚は、そのスタイルが本当に自立して一人歩きし、既存の市場経済や国家の秩序の下、時には権威的なエスタブリッシュメントとして、あるいは気軽な風俗として、安定的に確立していく中で、どうしようもなく失われていく。なぜならば、営利的なビジネスとして自立していくということは、送り手・作り手の側と受け手・消費者の側との間の区別がはっきりしていく、ということだからである。閉鎖的共同性からの開放感と、共同体的なコミットメント感覚の共存は、この区別の硬化によって失われる。（更にいずれは、新産業の勃興によって、営利ビジネスとしても衰退していく可能性がある。）

この「ポップな感覚」を「祝祭性」と言い換えることもまた可能である。人類学的な知見を参照して我々は、都市、市場、あるいは文字言語の流通といった、恒常的な「公共圏」が欠けている伝統的、前文明的な共同体社会においても、必ずしも「公共性」が不在であるわけではない、と言えるかもしれない。すなわち、日常的な慣行や規範が転倒され、攪乱され、熱狂の中でそこからの解放が一時だけとはいえなされる特別な儀礼――祝祭を、伝統社会における公共性の対応物、と考えることができる。ハーバーマスが「市民的公共性（公共圏）」に先行するものとして位置づける、絶対王政における「具現的（代表的）公共性（公共圏）」も、王の身体、宮廷をメディアとするスペクタキュラーな祝祭として実現されるものである。そして一見特別な祝祭をもはや持たないように見える――かつては祭りと不可分だった「市場」はつねにいたるところにあり、あまつさえ祭りそれ自体が「テーマパーク」として市場の一部として組み込まれている近代資本主義社会においても、実はこのような形で祝祭性が反復されている。ただしそれらの運動は「祝祭」であるがゆえに、一つ一つは短い、一時的な現象でしかない。そのように考えるならば「公共性」とは一種の「祝祭性」、つまりは過渡的な感覚、気分にしか過ぎない。

以上の考察を踏まえた上でハーバーマスの「公共性（公共圏）の構造転換」論について再考してみよう。それを経済学的に解釈すれば、どのようなメディアがどの程度発達しているか、またそれらは公益事業として営まれているのか、あるいは民間企業主導で、普通の産業として営まれているのか、あるいはむしろ非営利的に市民社会において担われているのか、といった点が問題となる。そしてそのように考えるならば、原則的には複数の、ありとあらゆる「公共性（公共圏）の構造転換」が現にあったし、これからもあるだろう、ということになる。何となれば、公共圏のインフラストラクチャーたりうるコミュニケーション・メディアは、ハードウェアのレベルに視点を限っても多種多様であり、歴史とともに入れ替わっていくし、そうしたメディアにおいて取り扱われるコミュニケーションの主題（コンテンツのテーマ）もまた、多様であり歴史的に推移していく。そしてそれらのメディアのそれぞれにおいて、そして多くの場合、ひとつのメディアの中でも、そのときそのときに流行するコンテンツの支配的な主題に応じて、様々のローカルな公共性が勃興しては衰退し、のサイクルを繰り返していく。

もちろんハーバーマスが注目したあの「公共性の構造転換」はたしかに重要な節目ではあった

ろう。コンテンツ面に注目しても、一九世紀末から二〇世紀初め、そして第一次世界大戦前後の時代にかけては、たしかに同時並行して様々な「公共性（公共圏）の構造転換」が起きていた特異な時代だった。文化史的には総じて「モダニズムの勃興」とでも呼びうる事態がある。美術においてキュビスム、シュルレアリスム、抽象絵画が登場し、音楽においてロマン主義の時代が終わり、文学においても言語実験の時代が始まり、また映画といった全く新しいメディアも登場する。数学において形式主義のプログラムが登場し、哲学においても分析哲学と現象学がスタートする。これらは総じて、最大限に広い意味での「形式」への関心の成熟と言えよう。一九世紀のリアリズム芸術が、文学にせよ美術にせよ、ある対象を描く、表現する手段、形式だったとすれば（コンテンツとメディアが明確に分離し、かつその分離が意識されていなかったとすれば）、二〇世紀のモダニズム芸術においては、そうした内容と形式、主題とメディアとの区別の自明性が解体され、形式やメディアそのものが主題的関心の的になり、いわば「何も表現しない芸術」が登場する。メディア技術の面に着目しても、既に述べたように、伝統的な文字言語や絵画、造型とは異なる新たなタイプのメディア技術、とりわけ録音、写真、映画、ラジオ、少し下ってテレビといった、ベンヤミンの言う意味での「複製技術」が登場し、それは現在のAVメディア、そしてテーマパークへと至る、感覚複合刺激によって、意味を介さず、直接に感覚や情動を刺激しうる技術へと進化していく。そのような意味でたしかにハーバーマスが注目したのみならず、マルクス主義を含めたほとんどの二〇世紀における「現代社会論」にとっての特異点として位置づけられたこの時代には、たしかに固有の意義がある。[62]

しかしながら他方で永瀬や山形が注意を喚起するごとく、より仔細に歴史の襞に分け入ってみれば、そこには無数の多様な公共圏が現れては消え、そのたびに小さな「公共性（公共圏）の構造転換」が繰り返されており、ハーバーマスの「公共性（公共圏）の構造転換」も超長期的に見れば、そうした様々なサイクルの重ねあわせ以上のものではない。

もちろんこのように考えるならば、公共性とはただ単に衰退する一方のものではなく、新たなメディア、新たな技術、新たな文化の生成とともに、たえず新たに勃興していくものでもある、とも言える。もちろんそこにささやかな希望を見ることだってできる。しかしそれらはすべて、いずれは衰退していくであろうこともまた、確かである。われわれが持ちうる希望とは、つまりはそういうものだ。

10　「祭りの後」のあとに――再び「市民社会とは何か？」

ここまでの考察を踏まえると、東條も共有している西洋マルクス主義的なセンス、とりわけ「失地回復」「個人的所有の再建」という解放イメージは、まさしく山形が言う「ポップな感覚」であることがわかる。革命とは一種の祝祭でもあることは言うまでもない。東條が語る疎外とは、「祭りの後」の虚脱をも含むものであり、その克服とは、祝祭の再来に他ならない。

しかしながら本当のところ、こうした「祭りの後」の虚脱感はしばしば錯覚でしかない。革命の当事者世代は、一部の勝ち組を除けば、期待外れの幻滅に打ちひしがれることもあるだろう。ここにはマルクス的な、中小ブルジョワジーの両極分解のイメージが当てはまる。しかし実際のところは、後続世代の多くにとっては、このような感覚は厳密に言えば自分自身のものというより、先行世代の記憶の追想、模倣以上のものではない。後続世代とは結局のところ、革命（とその堕落）によって何かを得たり失ったりしたというよりは、革命なしには存在しなかった――革命があったからこそ、それが生んだある文化や産業に参加することができたり、あるいは文字通りの意味で生まれてこなかったり――存在であるはずだ。祝祭的興奮が去った後の、凡庸な日常（宮台真司は「終わりなき日常」と呼んだが[63]、本当は始まりもあれば終わりもある）を、再びの祝祭で転倒することを目指すのではなく、その日常を肯定し維持するための知恵こそが望まれている。むろんそうした凡庸な日常は多くの場合何らかの理由で終わり、いつかどこかでまた新たな革命、祝祭的興奮、新たな公共性の開拓が始まるだろう。しかしそうした革命を無理に引き起こそうと画策するべきではないし、そのような革命を準備すべく個人的に努力することはおそらく尊いことだが、だれにでも勧められることとは思えないし、また強制されるべきでもない。

「ノンエリートの自立」[64]である労働運動や、その他類似の社会運動の本旨が、前衛としての新たな革命の画策ではなく、せいぜい（大部分は不毛に終わるだろう）その種子を準備しておくこと、それ以上に後衛として革命と革命の間の凡庸な日常を守ることであるとしたら、多数派大衆の力を結集して支配階級を打倒することではなく（それだけでは結局また新たな支配エリートがとってかわるだけのことであろう）、多数派がおおむね肯定できる社会秩序を維持すること、つまりは多数派がその中に産み落とされたことを恨まないような社会を作り上げること、である。もしも社会を構成する多数派が、そもそも生まれてきたこと自体を肯定的に受容できないような状況（たとえば極度に抑圧的で不平等な社会）になれば、そのような社会秩序は守るに値するものとは言えず、革命への誘惑は避けがたくなるだろう——革命によって状況がよりよくなる見込みが立つかどうかにかかわらず。

とはいえ果たして、革命的ラディカリズムを本当に否定し去ってよいものか？——という疑問が浮上するのもまた当然のことだ。「たんなる改良主義」によっては「たんなる改良」でさえ実はおぼつかず、言葉の上では現状を根底から否定する「革命主義」の脅威があってはじめて、どうにかこうにか「たんなる改良」が可能となるのではないか、ということである。

ではここで「革命主義」を掲げることが、本音では「たんなる改良」の実現でよしとしながら、口先だけでラディカルな変革を唱えるに終わってしまってもよいのか、といえばもちろんそんなことはない。本音レベルでの緊張感が失われてしまえば、必ずやその主張からは迫力が失せ、「たんなる改良主義」としてしか受け止められなくなってしまうだろう。だからラディカルな「革命主義」は捨てられない。しかしそのことは決して「たんなる改良」の否定を意味しはしない——このような運動の作風は、その担い手に相当の緊張を強いるだろう。しかし単純な現状の拒絶、全否定は何も生まず、かといって額面通りの「たんなる改良主義」は全肯定への堕落の誘惑に弱いとなれば、このような「(日和見的、とはいうまい)二枚腰のラディカリズム」はほとんど不可避の選択である。東條もその程度のことはわかっていて、そのために「コミュニズム」などとなお言っているのかもしれない。

ただしこのようなスタンスが生産的なものであるためには、いわば保守の側、体制サイドにおいてもそのカウンターパートが存在することが必要である。すなわち、こうしたラディカリズムの挑戦を真摯に受け止め、その批判を無視するのでも封じ込めるのでもなく、指摘された問題点の克服に努め、さらには先手を打とうとする姿勢が。こちらにおいても、批判にただ迎合するだけでは体制を維持するための緊張感は維持できまい。ラディカルな批判を受け入れつつ拒絶し、拒絶しつつ受け入れるという二枚腰が要求される。こうした「二枚腰の保守主義」との、相互拒絶にはならず馴れ合いにも堕さず、という微妙なバランスを保った関係の上でこそ、「二枚腰のラディカリズム」の、逆説的なかたちでの体制へのコミットメントは可能となる。敵対関係と信頼関係の微妙なバランス。

おそらく現代社会における主たる困難は、日本に限らず多くの国々で、左右、保革を問わずこのような「二枚腰」が衰退しつつある、というところに存するのではないか。

そのうえでもう少し積極的に我々自身の市民社会像を、更に言えば我々が目指すべきと考える理想を、東條のそれとあえて対比する形で打ち出してみる。既に触れたとおり、東條のそれは平田清明、更に先行する内田義彦などいわゆる戦後日本の「市民社会派」マルクス経済学のそれを換骨奪胎したものである。(65)学徒としてまた運動家としての端的なマニフェストとして、もっと早く紹介すべきだったかもしれないが、『製糸同盟の女工登録制度』の「あとがき」で東條はこう述懐している。

「高校紛争という形で、学園紛争の最後の高揚を経験した私にとって、「現存社会主義」の閉塞状況を打ち破るにたる新しいコミュニズムの「原理」を構想することが、希望であった。大学入学早々のそんな私にとって、いわゆる「市民社会派」の議論は、大変刺激的だった。とはいえ、「歴史のカマドとしての市民社会」や「個人的所有の再建」といった言葉が、実際に何のことなのか、私には何だかわからなかった。「再建」と言うからには再建されるべき具体的実在があったはずである。それも日本社会に固有の実在だったはずである。私はそれを求めて、日本歴史の研究に向かった。(66)」

これは一見したところ倒錯した文章である。「「再建」と言うからには再建されるべき具体的実在があったはずである。」これにはまだ問題はない。「「再建されるべき具体的実在」は実はなかったから、「再建」という言葉の使用をやめるべきである。」という命題が続いてもよい。しかしここで東條は「あったはずである」と推断し、「再建」という言葉も維持する方にコミットする。ここでひとつの選択がなされている。

問題はその次である。その「再建されるべき具体的実在」は「日本社会に固有の実在だったはずである。」とまで言うなら、それは明らかに飛躍であり、「無理が通れば道理が引っ込む」。「市民社会派」は確かに日本土着のマルクス主義思想の一派であるが、マルクス主義である以上、それは西洋出自であり、西洋思想の日本的継受である。だとすればその「再建されるべき具体的実在」を「日本社会に固有の実在」に求める必要はないはずだ。普通に考えれば。実際「市民社会派」にとっての原点はマルクスと並んでアダム・スミスであり、そこでの「市民社会」の思想的原像はマルクスやヘーゲルではなくスミスにこそ求められていたはずだ。

それでもなお東條が「日本社会に固有の実在」を求めて、思想史ではなく社会経済の実態史を己のミッションとしたのはなぜだろうか？　もちろんそれは西洋思想の日本的継受、のみならず、マルクス的、史的唯物論的に言えばそうした思想的転回の土台となった社会経済的実態があったはずだ、という問題意識だろう。実際日本における西洋からの近代技術の移入、その土着化の成功は、既に近世日本社会に存在していた技術的、社会経済的基盤に支えられていたはずである。そして東條は、近世日本における市場経済や思想の展開を踏まえて、それがすでに自生的な市民社会と呼びうるものであった、と考えたのだ。すなわち、単なる市場経済だけではなく、それを支える同職集団、そのメンバー間のある程度水平的な結合に基づく集団的自治・自助の秩序が。西欧における市民革命前の「封建的」身分制社会においても、中世以来の自治都市などを中心に成り立っていた市場経済と、それを支える水平的な集団的自治・自助の体制を「市民社会」と呼ぶのであれば、日本におけるそれもまた、「市民社会」と呼びうるのだ、と。

しかしながら東條と二村を慨嘆させたのは、そうした日本「近代」の市民社会には、労働者の水平的連帯としての労働組合へと転形しうる、その素材としてリサイクルしうる伝統が、あまりにも不足していた、ということであった。鉱夫たちの「友子」といった自発的連帯組織はあっても、それらの多くは親子関係を擬制したヒエラルキカルな性質の強いものであり、むしろ兄弟関係、しかも長幼の序を重視しない、「友愛」を基礎とした水平的連帯の組織的伝統が希薄だった。そのような組織的伝統の下では、「現代」における個人の連帯にとって利用可能な知的・社会的資源があまりにも不足している。

しかしそう考えるならば、少なくとも日本においては「再建」という言葉は宙に浮いてしまうことになる。東條はここから先に進みかねて、考えあぐねているようである。

しかし問題はそれだけではない。思想的なレベルでも「市民社会派」の学統は、市民社会における経済的側面と、学問・思想的交流を含めた社交的側面についての考察に比べて、その政治的側面についての考察が相対的に弱かったのではないか。その弱点は期せずして後年、英米圏におけるポーコックの「共和的人文主義 civic humanism」への注目以降のスコットランド啓蒙や初期アメリカ共和主義の研究によってフォローされることになった、と言えるかもしれないが、「市民社会派」には市民社会のフェアな市場経済を支える法秩序、自然法学への関心はあっても、水平的な政治的連帯としての共和主義への問題意識は十分に成熟しなかった。その原因はひとつにはスミスにおいて共和主義的モメントが少なくとも見かけ上は希薄だったことであり、いまひとつにはマルクスにはそうしたセンスがなかった、あるいはマルクスは階級利害を特別視しすぎ、政治と階級闘争を同一視し、経済体制（そして市民社会の経済的側面）を重視するあまり法と政治体制固有の問題について軽視していた、あるいは意図的にそうした論点を抑圧していたことではなかろうか。

それに対して我々が提示したい市民社会像は、ハーバーマスの「市民的公共性（公共圏）」の概念にヒントを得つつ、市場経済のインフラストラクチャーとしての法的秩序の基盤は共和主義、つまり市民の水平的連帯に基づく、合議を通じての決定システムでなければならない――「公正な独裁者による公平な法判断・執行」の可能性には信を置かない、とするものである。しばしば軽視されがちなことは、水平的な合議システムとは、立法議会に限られるものではなく、司法もまたそうだ、ということである。陪審制は当然のこととして、判事もまた多くの場合複数存在するし、何よりも裁判そのものが弾劾主義に基づき対審制をとる、すなわち原告と被告の対決が水平的な討議に他ならない、ということだ。

このように考えたとき、市民社会の原点はどこに見いだされるかと言えば、スミスではなく、またホッブズ、ロック、ルソーらの近代社会契約説でさえないし、中世の自治都市でもない。あえて言えば古典期ポリス時代のギリシアと、共和政期のローマということになる。みんなのものであるがゆえに誰のものでもない広場（公園、ギリシア風に開放的な神殿、市場、劇場、議場……）、つまり都市という公共圏と、生存維持基盤として閉じられた私的所有の領域を峻別し、王権的・部族社会的伝統を擬制的に読み替えて、自由人同士の水平的連帯を構築しようとした。その範例はその後の西洋世界に断続的に踏襲され続ける。(67) その際、自由な市場経済と政治的議論を破壊的ではない仕方で基礎づけ制御する、技術的・社会的インフラストラクチャーとして、そのときそのときの状況に応じてどのようなものがどの程度使えるか、がカギとなるだろう。近世におけるいわゆるイタリア・ルネサンスから宗教改革にかけては、印刷技術や聖書翻訳による識字能力の普及や、近世軍事革命による領域国家の勝利が重要な契機をなしただろうし、ハーバーマスが注目した市民革命前後の展開においては、産業革命以降のジャーナリズムの発展、ベネディクト・アンダーソンのいう「出版資本主義」が重要だったろう。二〇世紀前半においては電話と放送、二〇世紀から二一世紀にかけての転換期においてはインターネットが、市民社会を支えると同時に、それを掘り崩しかねない危険もはらんだ、重要なインフラとなっている。(68)

市民社会における労働問題について考える際にも、古典古代の範例としての重要性はあてはまる。「資本対労働」「雇主対被雇用者」「使用者対労働者」「経営者対従業員」といった言葉遣いで考える前に、我々は民法的語彙に立ち返って考える必要がある。日本における民法においてはアカデミックにもまた実務的にも雇用は請負、委任と並んで「役務提供契約」と呼ばれ、実際これらの間の異同と関係はしばしば問題となる。しかしその源流をローマ法に遡るならば、雇用と請負は locatio conductio、委任は mandatum で別系統となる。そもそも前者は有償であるのに対して、後者は実際には有償であることが多くとも、基本は無償である。更に locatio conductio には物の賃貸借も含む。正確に言えばこの locatio conductio を源流として後世において今日的な雇用や賃貸借が生じる、というべきだろう。しかし近代ヨーロッパ言語においてはフランス（louage）を除けばこの locatio conductio に直接対応する語彙はなくなってしまった（そして日本語にもない）。locatio conductio は元来、農場経営において経営体同士での人員（家人、奉公人、奴隷）を対価をとって融通しあう取引や、都市における専門職能者のサービスの取引にあてはめられた言葉であったのが、のちに土地建物の貸借や、雇用・請負といった労務の取引に派生していったのである。[69]

近代的雇用がその元をたどれば、役務の担い手、労働者自身が契約当事者にあたらない奴隷の取引や、この locatio conductio を源流としていた、というのは決して単なる昔ばなしに終わるものではないことは、日本における派遣業法以来の雇用と請負の交錯や、ＡＩ化によるギグ・ワーカーの出現以降、あるいは資本設備の所有者であるがゆえに労働者性を否定され、労働基本権の当事者とはなりえないと断じられつつも、フランチャイザーとの圧倒的な非対称性自体は救済されるべき問題として認められているチェーンストア（コンビニエンスストア）のフランチャイジーの問題を見るにつけ、明らかであろう。そもそも「近代」、いやそれどころか「現代」の初期においても小作農民が賃金労働者をしのいで庶民、大衆の過半を占めていたことを考えれば、役務提供契約たる雇用や請負と、物を対象とする賃貸借がかつて同一カテゴリーに入っていたのはどういうことなのか、は真剣に考えられねばならない課題である。更にかつてはポピュラーな奴隷供給源として債務奴隷があったとするならば、金銭の消費貸借との関係までをも射程に入れねばならない。

では、市民社会と資本主義との関係は、どのように位置付けられるのか？「市民社会派」的な枠組みにおいては、対等な市民同士の場であったはずの市民社会が、資本家と労働者とに両極分解する資本主義になってしまった（「市民社会派」風に言えば「領有法則の転回」）、という堕落のストーリーとして両者は関連づけられる。とはいえこの両者の関係は、大体の場合には歴史的な発展（堕落）段階というよりは、論理的な展開、理念とその現実化の間のズレ、として理解される。東條による「市民社会派」理論の歴史的な換骨奪胎は、これをある種の発展段階論へとまた読み替えるところにある。オーソドックスな「市民社会派」の図式では（「市民社会派」の論者の多くは資本主義の発展段階論にあまり興味はよせず、のちにほぼレギュラシオン理論の輸入ですませることになったが）、近代の枠内での市民社会から資本主義への、実態的というより理念的な推転、堕落が起き、「近代から現代へ」において更に大衆社会化という推転、堕落が続くことになるが、東條の場合にはもう少しすっきりと、「近代」における市民社会の理念的確立と、実態における個人を主体としない複層的な展開から、「現代」における個人主体の市民社会の展開と、同時進行する組織資本主義化・大衆社会化、となる。

これに対して我々は、既にみたようにハーバーマスが「公共性の構造転換」と呼んだ推転現象が、技術と産業の発展に応じて、さまざまに形を変えつつ反復することを予想する。その中で「領有法則の転回」、つまり開かれて平等な関係性の中から格差が生まれ拡大することも、「公共性の構造転換」、つまり意図的に構築し維持されていたはずの市民社会、市場の秩序を人々が自然なものとして自明視し、受動的にそこに適応するだけの存在となってしまうことも、サイクリカルに反復することを予想する。とすれば重要なことは、その時々で、例えば今、どのようなサイクルの、どのような局面にあるのか、を理解することだろう。その局面に応じて、例えば衰退期であれば、とりあえず守りの姿勢で秩序を維持しつつ、次代の革命の種になるかもしれないものをささやかに、粛々と準備するべきであろうし、勃興期であれば、波に乗り、主流派として勝ちを目指すという選択肢が浮かび上がることもあれば、逆に勝ち組の暴虐から弱者を守るという課題も生じる。

たとえば今次のＡＩ革命以前のインターネット黎明期においては、初期のオープンソース運動のサイバーリバタリアニズムに見られるような、知識とＩＴスキルを万人のものに、という開放性と平等主義を兼ね備えた理想主義が説得力を持ったし、そのしばらく後においても、ＩＴスキルの普及が労働者間の格差を縮小する、という展望があった。そのような状況下では、ＩＴスキルでもって労働者を武装させるという戦略が労働運動の方針として十分な意味を持ちうる。(70) しかし現在のＧＡＦＡと呼ばれるプラットフォーム企業の寡占体制、そしてすでに述べたようにＡＩの発展は、そうした展望を陳腐化させつつある。テック企業のエリート技術者たちにおいても、物流や対人サービスの現場のギグ・ワーカーにおいても、別種の適応戦略・対抗戦略が必要となるだろう。

いずれにせよ我々が目指すべきと考えるのは、資本主義を克服してコミュニズムに到達することではないのはもちろん、コジェーヴのいう「歴史の終わり」において動物化することでもない。ただ勃興と衰退のサイクルを、しかも予測不可能な形でランダムに繰り返す市民社会を、どうにか維持する以上のことではない。その中で果敢な挑戦者たちの技術革新の足を引っ張りたくはないが、同時に格差の拡大を放置するわけにもいかない。(71) そのうえで、不可避的に多様化していく人々の間で、それでもなお同じひとつの社会に属し続けているという公共性感覚を維持すること、以上ではない。

11 おわりに

最後に改めてまとめてみよう。

「身分」という言葉には今日では大体二通りの意味合いがある。一つには特定の個人が社会的な役割体系の中で、恒久的にであれ一時的にであれ置かれる地位一般、というほどの意味であるが、このような意味での身分関係のない社会などほぼ考えられない。この観点から見た近代社会の特徴は、ほとんどの個人が、社会的活動の文脈に応じて多様な身分におかれ――例えば家族の一員としての地位身分（誰の親で誰の子か、誰の夫／妻か、等）と、経済生活の中での職業的地位（どの会社に雇われているか、どのような専門的資格を有しているか、等）とは全く別のものである、――更にそうした身分関係は時間とともに変化していく、というところである。近代社会の基本単位は個人であって、身分とはその個人が置かれるポジション、というニュアンスがある。

それに対して「身分制社会」などと社会科学や歴史科学でわざわざそう呼ばれるときの「身分」には、もっと固定的なイメージがある。個人が活動する社会的領域はしばしば狭い――たとえば、経済的、職業的活動の単位と家族生活の単位とがしばしば重なっていたりする――し、更にそれはなかなか変わらない。そこでは家族とか、職業団体、武装集団といった身分団体の方が社会の基本的な単位であり、個人はその構成要素、部分というイメージがある。話を先取りするなら、こうした身分秩序から外れてしまった、あるいは外れそうになっている人々が「賤民」である。

古代や中世をイメージして語られる「身分制社会」とはまた財産秩序でもある。近代的な「身分」とは個人が置かれる社会的地位役割、あるいは個人に割り当てられる属性であるのに対して、「身分制社会」における「身分」の主体とは家や団体であり、そして家や団体は単なる個人の集まりではない。それは土地建物だとか様々な政治社会的特権だとかの、財産の集積でもある。（もちろん中世に既に「法人」の概念はあるが）財産を持たない裸の「法人」として家や団体があって、それが土地その他の財産を持つ、というのではない。人々と財産を合わせたものが家なり団体なりなのである。そのように考えるならば「賤民」とはまた財産から切り離された人々、「無産者」ということになる。

「市民社会」という言葉は、同じ「市民」という身分に属する同輩集団が構成する社会、というほどの意味で理解していただきたい。その歴史的な範例はやはり古典期のギリシアのポリス、共和政ローマである。そこでの同格な同輩集団の集団的自治が狭い意味での「政治」の、同輩間の紛争処理の仕組みが弾劾主義的司法の、そして「（とりわけ民事）法」の原点である。互いに同格な同輩たる市民はそれぞれに自立していて自由であり、他人からの強制――直接に暴力的なものであろうと、取引の操作による利益誘導によるものだろうと――に屈することはない。そのような各人の自由と自律を相互に認め合い、支え合うことが市民相互の連帯の本旨である。この辺は既にしつこく論じてきた。

しかし古典期の原点たるポリス、レス・プブリカを含めて、多くの市民社会は実は「市民」だけからなるわけではない。市民としての自由と自律、他人の強制に服さずに済む武力や経済力、政治に参加でき法廷で争うことのできる知性や教養を享受できる個人とは、実際には多数の家人を支配下に置き、相応の土地や財産を所有してその果実を自由にできる家長のことである。人口の上での多数派は、言うまでもなくこうした家長ではなく、その支配を受ける家人、家の従属的メンバーである。家人たちは女子ども、奉公人、奴隷などからなり、その一部は将来的に自らも家長となる——相続や奴隷解放を通じて——チャンスを持っているが、誰でもというわけではない。あるいは因習的な風俗の下では、家長さえも実は「家」全体の利益に奉仕するための道具に過ぎず、自由など発揮できないこともあろう。

そう考えると市民社会は「単一の身分からなる社会」というわけでは必ずしもない。公的な領域に登場する主体、公共社会のメンバーは同格の同輩たち、「市民」として単一の身分を構成するが、実は彼らは個人というよりはその属する「家」なり団体なりの代表に過ぎない。そして代表として公的領域に登場せず、私的領域に封じ込められた人々——家人、家の従属的メンバー——がそれ以上の数存在しているのが普通である。これら公共圏から締め出された人々は、市民たちとは別の身分を構成するわけである。

あるいはこのように考えるべきかもしれない。そこでの社会は複層構造をなしている。その上層、公的領域においては単一身分からなる同輩たちの共存、連帯としての市民社会が成立しているが、そうした上層部を支える基層が存在し、人口比ではむしろ上層を上回る。その基層は複数の私的領域、家に分かれて、それぞれは互いに独立分離している。そして私的な家同士の交流は、基本的には上層部の公的な市民社会を介して行われ、それを担うのは主に上層に属する家長たちであり、大多数の家人は私的領域の外では活動できない。

近代的な法の発展、それによる古い身分秩序の変容とともに、奉公人、徒弟、農奴、奴隷といった存在の位置づけも当然に変わる。世界が権利の主体である「人」ともっぱら権利の客体（財産となりうる存在）でしかない「物」とにきれいに二分割される以上、「人」であると同時に「物」でもある奴隷が存在する余地はそこにはない。しかしもはや「物」に過ぎない財産それ自体には、人に身分を割り当てる力はないので、奴隷ではない人々と財産との関係も変わる。つまり、財産の社会的な意義が、結局はそれを所有する主体（人ないし法人）によって与えられるものになってしまうから、それを所有していないにもかかわらず、それとかかわりあって生きている――具体的には、その土地なり設備なりを用いて働いている人々（マルクス流に言うと「直接的生産者」）の身分が変わらざるを得ない。

彼ら彼女らはある家や土地に属し、そこではたらき生活する権利を元来有していたはずなのに、その権利が消滅――は必ずしもしないまでも、大幅に弱体化する。なぜなら「人」の「物」に対する権利の基本が「所有権」になってしまえば、所有権者以外のその「物」への関係者（今風に言えば「ステークホルダー」）たちの権利は、もはやその「物」に直接到達することはなく、所有権者との関係を経由することなくしては成り立たなくなる。つまりは、土地建物を賃借したり、雇われたり仕事を請け負ったりという形を取らなければならなくなる。

結論的に言えば、財産はもちろんのこと、安定した働き口もなく、かつてであれば「賤民」と呼ばれただろう人々と、小作人であったり奉公人であったり、あるいは農奴であったり奴隷であったりと、従属的な地位であれ安定した働き口を得ていた人々が、共に「無産者」とひとくくりにされることになるのだ。しかしこの「無産者」は――そして対概念たる「有産者」も当然に身分ではない。後の社会科学の言葉で言えば、厳格に「身分」とは区別される限りでの「階級」である。しかし「身分」――「身分制社会」における固定的、属人的な地位としての「身分」の上では、有産者と無産者は同じ身分、「市民」に属し、それ以外の身分はない。ただかつての、身分的な市民社会においてとは異なり、この近代的市民社会には、有産者市民、持てる市民と、無産者市民、持たざる市民とがいる、ということだ。両者は抽象的な権利、権利を行使する権利、もう少し法律学的に言うと「権利能力」においては違いはない。どちらも財産を所有し、活用し、他人と契約を取り結んで財産を取引する権利を持っている。しかしながら実際に活用できる財産を持っているかどうかは別だ。身分制的な市民社会においては、「持たざる市民」とはほとんど語義矛盾だが、近代市民社会においては全くそうではない、というわけだ。

ところが農業革命、産業革命の展開の中で、こうした人々が家庭を営み、世代的に再生産できるに足る稼ぎを、生涯雇人、請負人のままでも、得ることが十分に可能となってくる――このような経路でプロレタリアートたる賃金労働者の「階級」としての成立が論じられるようになってくる。

このように見るならば、近代的な意味での無産者、労働者階級とは、概念のレベルで見れば、古い身分制社会の法制度、それと裏腹の秩序観念の転形、崩壊の中、賤民概念が意味を成さなくなり、市民概念が拡張していく中で新しく組みなおされた貧民概念であり、実体のレベルにおいては、市場経済の新たな成長がその生存を可能とした人口グループである。そしてこの人々を秩序付ける重要な枠組みとしての雇用関係も、かつての家レベルの奴隷・奉公人制度からは少しずつ転形していくのである。(72)

東條のいう「近代」とは市民革命、産業革命以降、身分制秩序の枠の中に納まっていたローカルな諸々の市民社会が動き出し、社会全体が単一身分としての市民からなる大きな市民社会となるべきだ、という理念が確立した時代である、ということになる。これに対して「現代」は、国家を軸とした制度的に（普通選挙制や義務教育制度などによって）単一市民社会が実現した時代、ということになるが、ただそこで身分制が完全に廃棄されたわけではない。何より国民と外国人、という区別はこれまで以上に重要な身分差別として残る、というより新しく浮上する。そして資本家的経営における雇用関係を軸とする人の動員・活用の仕組みもまた、古い身分制秩序をリサイクルしたものである。いわゆる身分制社会における固定的な身分は廃されつつも、先述の「特定の個人が社会的な役割体系の中で、恒久的にであれ一時的にであれ置かれる地位一般」の体系としての身分は当然に存在し、それは旧来の身分的関係を源流としている。伝統的な奴隷制、奉公人制を原型とした支配従属関係に、現代の労働者は自由な選択によって入るのである。

東條によれば「近代」における「労働力」とは多くの場合生身の個人であり、それを動かす自由な主体とはそうした個人が「コ」として属する家や団体であるのに対して、「現代」においては「労働力」は個人が雇主たる資本家的経営などと取引する際に、われとわが身をあたかも真の自己とは別の売り渡しうるものと観念するフィクションである。そのフィクションと引き換えに、「現代」の労働者個人は、伝統的な既得権を喪失した傷を癒そうとする。

これは『「新自由主義」の妖怪』で検討した、伝統的な「自由主義から帝国主義へ」という形で一九世紀から二〇世紀への推転を図式化するやり方とは異なる。伝統的図式はこの転回を、本来の正常な市民社会と資本主義からの堕落、その自己規律の歪み、とみなすものであり、そこに資本主義の衰退、社会主義への展望をみるものであった。それに対して東條が提示する「近代から現代へ」の図式は、むしろ市民社会と資本主義の浸透、世界化（マルクス流にいえば「資本の文明化作用」）のより一層の徹底として「現代」を捉えている。

しかしながら東條においても、実は「近代から現代へ」の転換は、上に見たように癒されるべき痛みを伴ったものであり、資本主義の衰退の克服というよりは、その痛みを癒すための革命、コミュニズムが求められている。「資本主義は行き詰っているのだから革命によって克服せねばならない」という伝統的、マルクス＝レーニン主義的客観主義ではなく、「資本主義が与える痛みを癒したい」という主観主義によって。だから東條の構想は、段階論の組み替えであると同時に、マルクス＝レーニン主義を拒絶しての、ある意味でのマルクス本来の、あるいは若きマルクスに原点回帰しての、資本主義との対決の思想でもある。資本主義は変質したかもしれないが、衰退しているのではなくなお成長しているのであり、その成長している資本主義の与える苦悩こそが問題なのだ、と。

しかしながら我々は、歴史的事実の解釈において東條から学ぶところ大ではあるとしても、その実践的思想には必ずしも賛同はしない。市民社会を維持するべきであることには同意するが、そのためには資本主義を維持せねばならない、と我々は考える。資本主義の苦痛は癒されねばならないとしても、それは資本主義の放棄によってではない。市民的公共圏のインフラ更新という意味での革命は今後とも不可避だろうが、それは資本主義の否定を意味しない。市民社会を維持する上で資本主義に対する有効なオルタナティヴは考えられない。しょせん対症療法に終始するだけだとしても、他にやりようはない(73)。

更に言えば、「現代」における労働者の解放、苦悩の救済を、そうした喪失を取り戻す「再建」と考えることはどこまで有効か、疑ってみるべきではないだろうか。これは何をもって「再建」

あるいは「回復」と考えるかにもかかわるが、仮にそのテコを無産者が擬制的な有産者となるための「労働力」――よりは「人的資本」が適切と私は考えるが――というフィクションへの固執が必要であり、それを確保するためには資本家的経営や学校教育に依存するだけでは不足で、水平的連帯としての労働組合も必要、というところまでは同意するとしても[74]、それを「再建」「回復」としてよりは、過去の遺産を利用しながらであるのはもちろんだとしても、新たな創造、新たな積み上げ（ハンナ・アーレント風に言えば「はじまり」）と観念すべきではないだろうか。

なんとなれば、現代の労働者のほとんどは、当然のことながら没落ブルジョワなどではない――もちろん個別的な事例においてはそのような人は多くいるだろうが、つまりはマルクスが『資本論』第一巻の「本源的蓄積」論で描いたような、強制的囲い込みの進行する農村から、食い詰めて流れてきたプロレタリアートなどではなく、せいぜいその遠い子孫でしかないからだ。もちろん想像の中で、そうした没落ブルジョワに自己を比定することは誰だってできる。しかしながらもしそうであれば、没落ブルジョワではなく、土地も財産もないまま、成長のおこぼれでどうにかとにかく子どもを作って増えるようになったプロレタリアートの方を自分の先祖と思いなすことだってできる。いやそもそも食い詰めて村や家を追い出された子女は、没落した、つまり本来持っていたはずの権利を奪われた存在なのか、それとも碌な権利も財産もないまま世界に放り出された存在なのか？　自己を没落市民として、自己の解放を奪われた権利の回復と思いなすような想像力は、ともすれば労働者階級の中でも結局のところ大工場の熟練労働者を革命的プロレタリアートの本隊として特権化し、スラムに吹きだまる不安定就業者たちを、ルンペン・プロレタリアートとそしったマルクスの不吉な部分の方につながってしまうのではないか？

なぜこんな余計なことを言うのかと言えば、マルクスのよき部分、資本主義の打倒を掲げる一方で、労働者が組合運動を通じて自分たちの待遇を改善し、豊かな生活を目指すこと（資本主義体制の中でできるだけ幸福になること）を肯定したのと同様のセンスが、東條にも明確にあるからだ。家や村のしがらみからの自立を資本家的経営を利用して果たし、あるいは資本家的経営からの自立を労働市場を利用して果たし、あるいは国家を利用し、もちろんときには団結して争議に立ち上がり、と、ありとあらゆるやり方で自由を目指す女工を東條は肯定する。娼妓や芸妓の同職集団の自律性を、しょせんは遊郭や置屋に支配され、男たちに搾取されるだけのもの、などと切り捨てはしない。またあるいは、タコ部屋で酷使される土工たちの間にある秩序の合理性をも肯定する。狭義の奴隷制には触れていないものの、おそらく東條は、奴隷もまた奴隷のままでもそれなりに幸福にも自由にもなりうるし、それを追求すべきだし、そのことはそれでも奴隷は自由になった方がよい、奴隷制度そのものが廃絶されるべきであることと矛盾はしない、と言うであろう(75)。

註

(1)亜紀書房、二〇一八年。

(2)ＮＨＫ出版、二〇〇九年。
(3)第二版、細谷貞雄・山田正行訳、未来社、一九九四年（原著一九九〇年）。
(4)東京大学出版会、一九九〇年。
(5)ミネルヴァ書房、二〇〇五年。
(6)ミネルヴァ書房、二〇一六年。
(7)ミネルヴァ書房、二〇一一年。
(8)『史学雑誌』八九編九号、一九八一年。『製糸同盟の女工登録制度』に再録、『近代・労働・市民社会』に改稿再録。
(9)東京大学出版会、一九七一年。
(10)ミシェル・アグリエッタ『資本主義のレギュラシオン理論（増補新版）』若森章孝他訳、大村書店、二〇〇〇年、他。
(11)邦訳も多数あるが、総括的な展望として、安元稔『イギリス歴史人口学の研究』名古屋大学出版会、二〇一九年。
(12)始祖マルク・ブロック、代表者フェルナン・ブローデルのものを含め多数の翻訳があるが、手軽なものとしてはブローデル『歴史入門』金塚貞文訳、中公文庫、二〇〇九年。
(13)慎改康之訳、河出書房新社、二〇一二年。
(14)『マキアヴェリアン・モーメント』田中秀夫他訳、名古屋大学出版会、二〇〇八年、他。
(15)『近代政治思想の基礎』門間都喜郎訳、春風社、二〇〇九年、他。
(16)Otto Brunner, Werner Conze, Reinhart Koselleck（Hrsg.）*Geschichtliche Grundbegriffe: Historisches Lexikon zur politisch-sozialen Sprache in Deutschland.* Band 1-8/2. Klett-Cotta, 1972-1997.

郵便はがき

料金受取人払郵便

神田局
承認

1124

差出有効期間
2025年9月30日まで
（切手不要）

101-8791

535

千代田区外神田
二丁目十八―六

春秋社

愛読者カード係

*お送りいただいた個人情報は、書籍の発送および小社のマーケティングに利用させていただきます。

(フリガナ) お名前	歳	ご職業
ご住所 〒		
E-mail 小社より、新刊／重版情報、「web 春秋 はるとあき」更新のお知らせ、イベント情報などをメールマガジンにてお届けいたします。	電話	

※**新規注文書**（本を新たに注文する場合のみご記入下さい。）

ご注文方法　□**書店で受け取り**　□**直送(代金先払い)** 担当よりご連絡いたします。

書店名	地区	書名		冊
				冊

ご購読ありがとうございます。このカードは、小社の今後の出版企画および読者の皆様とのご連絡に役立てたいと思いますので、ご記入の上お送り下さい。

〈書　名〉※必ずご記入下さい

●お買い上げ書店名(　　　　地区　　　　書店　)

●本書に関するご感想、小社刊行物についてのご意見

※上記をホームページなどでご紹介させていただく場合があります。(諾・否)

●ご利用メディア	●本書を何でお知りになりましたか	●お買い求めになった動機
新聞 (　　　) SNS (　　　) その他 メディア名 (　　　)	1. 書店で見て 2. 新聞の広告で (1)朝日 (2)読売 (3)日経 (4)その他 3. 書評で (　　　紙・誌) 4. 人にすすめられて 5. その他	1. 著者のファン 2. テーマにひかれて 3. 装丁が良い 4. 帯の文章を読んで 5. その他 (　　　)

●内 容	●定 価	●装 丁
□ 満足　□ 不満足	□ 安い　□ 高い	□ 良い　□ 悪い

●最近読んで面白かった本　(著者)　　　(出版社)

(書名)

㈱春秋社　電話 03-3255-9611　FAX 03-3253-1384　振替 00180-6-24861
E-mail : info-shunjusha@shunjusha.co.jp

(17)リーデルによる項目「市民社会」「市民、公民、市民階層」「ゲゼルシャフト、ゲマインシャフト」「システムと構造」の邦訳がある。マンフレート・リーデル『市民社会の概念史』河上倫逸、常俊宗三郎編訳、以文社、一九九〇年。またこのリーデルの仕事を踏まえた日本人による研究として松本彰「ドイツ「市民社会」の理念と現実」『思想』六八三号、一九八一年、成瀬治『近代市民社会の成立』東京大学出版会、一九八四年。

(18)隅谷三喜男編著『日本労使関係史論』東京大学出版会、一九七七年、所収。

(19)宇野弘蔵『経済政策論（改訂版）』弘文堂、一九七一年。

(20)増補版、東京大学出版会、一九八二年。

(21)これ以降の二つの節は拙稿「書評：中西洋『〈自由・平等〉と《友愛》――〝市民社会〟：その超克の試みと挫折――』」（『社会政策学会年報』三九号、一九九五年）、並びにそれを修正した「中西洋の社会理論とその影響について：試論」（『経友』二〇四号、二〇一九年）より修正して再録した文章からなる。

(22)例えば高橋克嘉『イギリス労働組合主義の研究』（日本評論社、一九八四年）、西成田豊『近代日本労資関係史の研究』（東京大学出版会、一九八八年）における読解。

(23)木鐸社、一九八八年。

(24)松沢裕作『日本近代社会史　社会集団と市場から読み解く　1868–1914』有斐閣、二〇二二年。松沢は同書について「もしかしたらこれは「よくわかる東條由紀彦」なのではないかという疑念が沸いてきた。」と述べている［https://twitter.com/yusaku_matsu/status/1469272238298103809 二〇二一年一二月一〇日午後八時四六分投稿］。たしかに松沢の「抜け駆け可能な社会集団」という表現は東條のいう複層的市民社会をうまく言い表している。

(25)これ以降の三パラグラフも前掲拙稿「中西洋の社会理論とその影響について：試論」からの再録である。

(26)森建資「雇用関係の変化をどのようにとらえるか」『社会政策学会誌』九号、二〇〇三年。
(27)森建資「国際労働力移動把握の一視座（海外経済論調）」『経済評論』二四巻二号、一九七五年。森建資「第一次大戦前のイギリス移民とカナダ農業」椎名重明編『ファミリー・ファームの比較史的研究』御茶の水書房、一九八七年、所収。
(28)東條『「労働力」の成立と現代市民社会』。
(29)ミネルヴァ書房、一九九八年。
(30)明示的に廣松の名前を挙げることはほとんどないが、「物的世界／事的世界」といった言葉遣いにその影響は歴然である。平田ら「市民社会派」の影響については後で見る。
(31)アレクサンドル・コジェーヴ『ヘーゲル読解入門』上妻精、今野雅方訳、国文社、一九八七年。
(32)このようなヘーゲル、マルクス理解については拙著『AI時代の労働の哲学』講談社、二〇一九年。
(33)マルクス自身のドイツ語での表現は Arbeitskraft であるが、日本語での「労働力商品」の英語圏での通例の表現は commodity labor power である。
(34)この点については拙著『政治の理論』中央公論新社、二〇一七年、特に第七章。
(35)ピーター・ラスレット『われら失いし世界』川北稔他訳、三嶺書房、一九八六年。
(36)Werner Conze, 'Vom "Pöbel" zum "Proletariat": Sozialgeschichtliche Voraussetzungen für den Sozialismus in Deutschland.' *Viertelsjahrschrift fur Sozial-und Wirtschaftsgeschichte*, 41, 1954. 英訳は 'From 'Pöbel' to 'Proletariat': The Socio-Historical Preconditions of Socialism in Germany.' In Georg G. Iggers (ed). *The Social history of politics: critical perspectives in West German historical writing since 1945*. Berg Publishers Ltd. 1985. この論文に触れた邦語文献としては成瀬『近代市民社会の成立』の他、良知力『向こう岸からの世界史』未来社、一九七八年（特に「一八四八年にとってプロレタリアートと

は何か」)、藤田幸一郎『近代ドイツ農村社会経済史』未来社、一九八四年、同『狂気の近代』花伝社、一九八八年、等。

(37)東條由紀彦「日本の同職組織と労働組合〈書評特集〉二村一夫『労働は神聖なり、結合は勢力なり：高野房太郎とその時代』を読む)」『社会政策』三（二）、二〇一一年。ここでの議論は書評対象の他、二村の「日本労使関係の歴史的特質」(『社会政策学会年報 第三一集 日本の労使関係の特質』御茶の水書房、一九八七年)をはじめとする一連の論文を念頭に置いている。『二村一夫著作集（ウェブサイト）第１部 比較労働史研究』[http://nimura-laborhistory.jp/lhcontents.html 二〇二三年五月一〇日閲覧]を参照のこと。

(38)拙著『ＡＩ時代の資本主義の哲学』講談社、二〇二二年。

(39)新装版、田村俶訳、新潮社、二〇二〇年。

(40)『生政治の誕生（コレージュ・ド・フランス講義 1978–79)』慎改康之訳、二〇〇八年。

(41)「労働力」と「人的資本」の相違についてここで詳論する余裕はないので、詳しくは拙著『不平等との闘い』(文藝春秋、二〇一六年)、『ＡＩ時代の労働の哲学』『ＡＩ時代の資本主義の哲学』を参照されたい。ごく簡単に言えば、労働力は消費されてしまう商品であるのに対して、人的資本は使用されることによって消耗はしても消費されるわけではなく、投資によってその価値を高めうる資産として観念されている、ということだ。マルクスが一時「労働資産」とも解釈されうる Arbeitsvermögen なる言葉遣いをしながら放棄したことにはおそらく理由がある（労働力が資本として投資の対象となるのであれば、労働者はそれを通じて豊かになりうるが、そのような展望は楽観的過ぎる）が、豊かな社会における専門職や、マルクス自身もその成長を予想していたホワイトカラー、技術者といった新中間層について考えるときには、人的資本という概念の方が、フィクションとして考えるにせよ、客観的リアリティを備えた何かと見做すにしても、都合がよい。

そもそもアダム・スミス『国富論』において労働は資本、土地と並んで、現代経済学的に言えば生産要素として位置づけられていたが、資本の価格はその総価値ではなく使用料としての利子、土地の価格もその売買価格ではなく使用料、貸借料としての地代であったのに対して、労働の価格が賃金であるとするなら、整合性をとるためには、賃金は労働という商品の価格であるというより、労働（をする能力）の使用料と見做さなければ整合性が取れないはずなのである。マルクスの労働力商品の概念は、労働と労働をする能力の区別には至っていても、スミスにあった不整合の十分な解決にはなっていない。

(42)拙著『AI時代の労働の哲学』『AI時代の資本主義の哲学』。

(43)木庭顕『新版ローマ法案内』勁草書房、二〇二一年。

(44)上巻、東京大学出版会、一九八二年。中巻、東京大学出版会、一九八三年。下巻、東京大学出版会、二〇〇三年。

(45)なお三菱自体の成立史についての研究を中西は生前ついに公にすることはなく、『過程・別巻』としての公刊を期して遺された原稿に対しては、現在の研究水準から見たとき、あえて公刊に値するかどうか疑問なしとしない、と専門家は冷厳な判断を下した。この間の事情につき公の記録はまだ存在しない。当事者の端くれとして簡単に説明すると、二〇一八〜一九年に、中西門下生であった小谷眞男が中西没後の遺品整理において発見した草稿の公刊可能性を森建資、上井喜彦、稲葉らと検討し、現在の研究水準に鑑みての草稿の価値につき武田晴人、鈴木淳に相談した。

(46)上記中西『過程・別巻』草稿。武田晴人、関口かをり『三菱財閥形成史』東京大学出版会、二〇二〇年。

(47)代表的には例えば、谷本雅之『日本における在来的経済発展と織物業――市場形成と家族経済――』名古屋大学出版会、一九九八年。

(48)新版、渡部昇一訳、三笠書房、二〇二〇年。
(49)ブランコ・ミラノヴィッチ『資本主義だけ残った』西川美樹訳、みすず書房、二〇二一年。
(50)端的には熊沢誠『ノンエリートの自立』有斐閣、一九八一年。
(51)拙著『ＡＩ時代の資本主義の哲学』。
(52)樫村晴香「汎資本主義と〈イマジナリー／近しさ〉の不在　マルクスのレクチュールではなく、マルクス主義をまもるために」『クリティーク』一号、青弓社、一九八五年。[http://www.k-hosaka.com/kashimura/hanshihon.html 二〇二三年五月一一日閲覧]
(53)マーク・フィッシャー『資本主義リアリズム』セバスチャン・ブロイ、河南瑠莉訳、堀之内出版、二〇一八年。
(54)ニック・ランド『絶滅への渇望――ジョルジュ・バタイユと伝染性ニヒリズム』五井健太郎訳、河出書房新社、二〇二二年。ニック・ランド『暗黒の啓蒙書』木澤佐登志、五井健太郎訳、講談社、二〇二〇年。木澤佐登志『ニック・ランドと新反動主義』星海社、二〇一九年。拙著『政治の理論』、あとがき(https://shinichiroinaba.hatenablog.com/entry/20161117/p1)をも参照のこと。
(55)倒産反対争議を経ての、資本家に見捨てられた従業員たちの自主管理による企業再建の研究である井上雅雄『日本の労働者自主管理』東京大学出版会、一九九一年、を評しつつ、野村正實は「労働者自主管理」の過大評価をいさめている。闘争の果て、戦った労働者の多くは去り、残ったリーダーが経営者となって、普通の会社になるのは、避けがたい運命だ、と。野村『日本の労働研究』ミネルヴァ書房、二〇〇三年。
(56)拙著『モダンのクールダウン』ＮＴＴ出版、二〇〇五年、『〈公共性〉論』ＮＴＴ出版、二〇〇八年、を参照。

(57)本節における以降の論述は拙著『〈公共性〉論』第Ⅲ章よりパラフレーズしたものである。
(58)山形浩生「バロックな消費とパンクな浪費 書評・永瀬唯『疾走のメトロポリス』(INAX出版)」『CUT』一九九三年六月号 [http://cruel.org/cut/cut199306.html 二〇二三年五月一〇日閲覧]。
(59)レイモンド・ヴァーノン『多国籍企業の新展開——追いつめられる国家主権』霍見芳浩訳、ダイヤモンド社、一九七三年、他。
(60)マックス・ホルクハイマー、テオドール・アドルノ『啓蒙の弁証法』徳永恂訳、岩波書店、二〇〇七年。
(61)山形「バロックな消費とパンクな浪費」。
(62)拙著『社会学入門』NHKブックス、二〇〇九年を参照のこと。
(63)宮台真司『終わりなき日常を生きろ』筑摩書房、一九九八年。
(64)熊沢『ノンエリートの自立』。
(65)原点として一冊だけ挙げるなら内田義彦『資本論の世界』岩波書店、一九六六年。市民社会派、宇野派、正統派、数理派まで含めた戦後日本のマルクス経済学総体の包括的サーベイとしては高須賀義博『マルクス経済学の解体と再生(増補版)』御茶の水書房、一九八八年。市民社会派の出発点を念頭に置いた若手経済学史家による近年の研究として野原慎司『戦後経済学史の群像』白水社、二〇二〇年。
(66)東條『製糸同盟の女工登録制度』四五三頁。
(67)このような古典古代理解について『新版 ローマ法案内』に至る木庭顕の仕事が是非とも参照されねばならない。
(68)このインフラの問題、つまり従来は「資本主義と国家」の関係として論じられてきた問題についての私見は、拙著『AI時代の資本主義の哲学』補論を参照のこと。近世軍事革命についてはウィリアム・マクニール『戦争の世界史』高橋均訳、中央公論新社、二〇一四年。「出版資本主義」についてはベネディクト・アンダーソン『定本 想像の共同体』白石隆、白石さや訳、書籍工房早山、二〇〇七年。

(69)locatio conductio については木庭『新版 ローマ法案内』、木庭『新版 現代日本法へのカタバシス』みすず書房、二〇一八年を参照のこと。更に森田修の「ローマ法における「賃約」(locatio conductio) とその現代的意義」(『民法学の継承と展開 中田裕康先生古稀記念』有斐閣、二〇二一年) に始まる連作「「役務提供契約」の基礎理論のために」が、近代フランス法の louage を経て現代の労働契約に至る理路の探究を期している。

(70)拙著『不平等との闘い』第九章、他。

(71)今日のAI化の進展に伴う格差の拡大の果てには、階級社会どころかある意味での身分制社会の事実上の復活のおそれさえあることについては、拙著『AI時代の労働の哲学』を参照のこと。

(72)ここまで拙著『政治の理論』第七章「「市民」の普遍化」第三節「有産者と無産者」より編集しつつ引用。

(73)拙著『政治の理論』『AI時代の資本主義の哲学』を参照。

(74)この立場を東條は中西洋に倣って「友愛主義」と称するが、拙著『政治の理論』でいう「リベラルな共和主義」もそれと遠いわけではない。なお中西洋「《友愛主義》宣言」『世界』四二三号、一九八〇年。中西『〈自由・平等〉と《友愛》――〝市民社会〟：その超克の試みと挫折――』ミネルヴァ書房、一九九四年、所収。

(75)本稿ではフォーディズムについて、とりわけその消費社会創出については論じられなかったが、社交と結びついた消費の快楽は市民社会論上の重要な論点である。東條が東宝争議を論じた際、この問題が十分に掘り下げられなかったことは惜しい。なお、その基礎資料の収集・整理における重要な貢献にもかかわらず、東條の東宝争議分析は労使関係研究として以上に映画史研究上の貢献として名高い井上雅雄

『文化と闘争 東宝争議 1946–1948』新曜社、二〇〇七年によって乗り越えられてしまった、とされる。娼妓・芸妓の同職集団の自律性を分析しようとする最新論文「遊廓制度と同職集団――地方・周辺からの再検討――」『経営論集』(明治大学経営学研究所) 六九巻一号、二〇二二年、がそこにつながっていくかどうかは定かではない。

関連して、大衆消費を介してフォーディズムと不可分となるケインズ主義の問題についても論じることはできなかった。『「新自由主義」の妖怪』では実質的に「資本主義の段階区分をしたければ、マルクス主義的視点よりケインズ的視点こそが重要である」と結論したにもかかわらず。

おそらく近現代の日本において、ケインズ主義と福祉国家、その中での労働者と農民の自立についてもっとも一貫したパースペクティヴを持ちえた存在はジャーナリストから保守政治家に転じた石橋湛山である。彼は労働運動と農民運動の確固たるシンパであると同時に断固たる自由経済主義者にして先駆的ケインズ主義者であった。『石橋湛山著作集1 経済論① リベラリストの警鐘』『石橋湛山著作集2 経済論② エコノミストの面目』東洋経済新報社、一九九五年。対して戦前戦後を通じて昭和期におけるマルクス主義者には、ときに金本位制への未練をも断ち切れない固定相場制論者が多く、積極財政にも懐疑的であったことは記憶されるべきである。当時の経済論壇状況のまとめとして、長幸男『昭和恐慌』岩波書店、二〇〇一年。

*本稿の初出は『経営論集(明治大学経営学部)』第七一巻第四号「東條由紀彦教授退職記念号」。

第2部 斜めから見る「日本のポストモダン教育学」・改

0　はじめに

二〇世紀末の日本の人文社会科学における「ポストモダニズム」の本格的受容はいつごろ始まったのであろうか？　一九八〇年代初頭の浅田彰の華々しい活躍はとりわけ印象深かったが[1]、もちろんそれに先立つ一九七〇年代に、「一九六八年」の余燼冷めやらぬ中、蓮實重彥らフランス文学出自の書き手を中心に、雑誌『現代思想』や『エピステーメー』などを拠点としてジャック・デリダやミシェル・フーコーらの紹介が精力的になされてきた。

しかし歴史学や社会学のアカデミック・サークルの中で彼らの業績が表だって踏まえられ議論されるようになるのは、本格的には一九八〇年代以降のことである、と言ってよいだろう。流行に弱い社会学では、浅田の本格的デビューにわずかに先立つ一九八〇年に、デリダ、フーコー、そしてとりわけジャン・ボードリヤールを踏まえた内田隆三の「〈構造主義〉以後の社会学的課題」[2]、更にJ・A・オースティンの言語行為論とフーコーの権力分析を比較した亘明志の「M・フーコーの権力分析と社会学的課題」[3]が出ており、ゆっくりとしかし確実な影響を、その後八〇年代から九〇年代にかけての日本の理論社会学全般に及ぼしていく[4]。

さて、そのような状況に、日本の教育学はどう対応していたのだろうか？　日本の教育学における近代批判は、内発的にはたとえば、やはりポスト「一九六八年」の一環としての反差別運動に呼応するかたちでの、障害者教育や発達心理学の内在的批判から立ち上がった反発達論[5]といった成果を七〇年代にすでに結実させていた。そしてイバン・イリイチの脱学校論やパウロ・フレイレの被抑圧者の教育学の紹介と受容もまた、この時代に始まっており[6]、七九年には教育社会学出身の山本哲士が本格的なイリイチ研究[7]をまとめている。山本は八〇年代からはピエール・ブルデューの紹介に乗り出しており、その文脈でフーコーを中心にフランスのポスト構造主義に論及することも多くなる。

もし仮に日本における「ポストモダン教育学・教育思想」の「正史」を描こうというのであれば、このラインをたどっていくのがよい。そしてその後のアカデミックな教育研究――主として教育史学と教育社会学におけるイリイチ、フーコー、ブルデューらの受容の進捗とエスタブリッシュメント化、それと裏腹な形での、実践的な社会批判、教育批判としてのインパクトの弱化を描いていくことが必要であろう。

しかしながら本稿ではそうした正道を取らず、ごく少数――具体的にはたった二人の論者の仕事を概観した上でそこから視野を拡大することによって、問題状況の大雑把な見取り図を描くことを目指す。すなわちこの「教育学におけるポストモダニズムのエスタブリッシュメント化と去勢」のプロセスを一身に具現化したかのごときキャリアをたどった一人の研究者と、その反対に、アヴァンギャルドな流行としてそれなりの注目を浴びた「ポストモダン教育学・教育思想」と、少なくとも表向きはまったく没交渉に過ごしたもう一人の研究者、この二人の教育学者をクローズアップすることによって、日本教育学、ひいては日本の知識社会全体におけるポストモダニズム受容の可能性と限界を描き出したいと思う。なお、二人とも故人であるのは、おそらくは単なる偶然である。

1　森重雄――「批判的教育社会学」の退却

山本哲士は一九四八年生まれ、まさに「団塊の世代」であるが、日本の教育社会学においてはこの世代の影は存外薄く、一回り上の天野郁夫（一九三六年生）、潮木守一（一九三四年生）らの世代と、一回り下の苅谷剛彦（一九五五年生）、広田照幸（一九五九年生）に挟まれてあまり目立たない。森重雄は一九五六年生まれ、苅谷、広田らと同世代であるが、まさに山本ら「一九六八年」のラディカリズムのインパクトを正面から受け止めたうえでアカデミックな教育社会学を革新する、という課題を自らのテーマとしていた。その「批判的教育社会学」の問題意識の概要を、彼自身の言葉を基に再構成してみよう。

「〔二〇世紀中葉のアメリカ合衆国における――引用者註〕教育社会学〔ソシオロジー・オブ・エデュケーション〕は、一方で規範主義的、他方で応用志向的な、前期的教育社会学〔エデュケーショナル・ソシオロジー〕の研究スタンスへのアンチテーゼとして台頭した。そのさい批判されるべきスタンスは「教育学的」という形容で一括された。この言葉が批判のメタファーとなった背後には、（真正）教育社会学の学問的自意識、すなわちみずからのアイデンティティを経験的・実証的な社会学に求め、教育社会学を下位社会学に位置づけようとする強烈な自己規定が存在した。(8)」

このように独立の学として自立して以降の「教育社会学」は「教育」を外的な対象とし、その客観的な分析を標榜する。そしてそのことによって、「教育」に内在し、その従属的構成要素にとどまる伝統的「教育学」に対する学としての優位を主張する。

しかし素朴なタイプの「教育社会学」＝「社会学的教育分析」は「教育」という対象の実在性を疑わず、「社会学」によって「教育」を分析しようとする。しかしながら「教育」というカテゴリーは決して自明の、ある歴史貫通的に人類普遍の何ものかではない。伝統的な（規範的）教育学はしばしばそのことに盲目であった。

そもそも「教育学」は「教育」という対象を分析する科学ではなく、「教育」という営みの内在的構成要素である。それゆえにこそ教育社会学［ソシオロジー・オブ・エデュケーション］は「規範主義的、他方で応用志向的な、前期的教育社会学［エデュケーショナル・ソシオロジー］」から身をもぎはなしたのであるが、「教育」というカテゴリーの自明性を問わない点においては同断であった――森はそう診断する。

しかしながら「教育」という対象は決して自明なものではない。それは「近代」固有のカテゴリーであり、「近代性（モダニティ）」の不可分の構成要素である。「近代」というコンテクストを無視して「教育」を分析することはできない。


「〈教育〉という単純なカテゴリーはまったく近代的なカテゴリーである。われわれはことを近代的な・実在としての・教育の形式、すなわち〈教育システム〉を通じてはじめて獲得するのである。われわれは近代的実在としての〈教育システム〉さらにその単位である学校や教室の存在によって〈教育〉というカテゴリーを表象するのであって、その逆ではない。われわれは学校や教室や時間割や授業時間やという教育の形式を通じてのみ〈教育〉なるものを諒解する。そしてこの諒解を可能とする経験的実在たる教育の形式は、まったく近代社会に固有のものなのである。(9)」

「教育が社会学的に問題となるのはすぐれて近代以降のことである。なぜなら教育が実体をもった固有の社会的領域として・あるいはその反映であるが教育が単純なカテゴリーとして・成立するのは近代以降のことだからである。

なるほどわれわれは〈教育〉という近代的なカテゴリーを得たのち、これによって教育の系譜を問うことはできる。たとえば古代家族やギルドに教育機能あるいは教育作用を求めることができる。しかし、これは近代社会に生きるわれわれの観念的かつ抽象的な表象を通じた作業であって、少なくとも社会学的には主要なものではない。なぜならわれわれは、社会学的な問題とは、その対象が実際に社会的に固有の領域を占めてはじめて成立する種類のものであると考えるからである。けれどもわれわれは、この〈教育〉という単純なカテゴリー・あるいはこれを表示する社会的領域としての教育・の成立自体を社会学的に問題化することはできる。否、むしろ、社会学的な反省（reflection）の論理は、このカテゴリーを常識化し・これを出発点とするのではなく、この常識を常識たらしめる社会学的な条件の検討を通じて〈教育〉の社会的意味を社会学的に問題化せよと迫る。

われわれはこの後者の問題提起が社会学的な批判的反省を通じてのみ得られるという理由から、この問題を定立し、これの解題と解明をめざす社会学的努力を〈批判的教育社会学〉

とよびたい。これの分析対象は〈教育システム〉である。これの解明点は単純なカテゴリーとしての〈教育〉の系譜を問うことではなく、このカテゴリーを成立せしめる当のものである社会的実在、すなわち〈教育システム〉の系譜を社会学的にあとづけることである。[10]」

それでは森のいうところの「批判的教育社会学」とは具体的にはどのような営みとなるのであろうか？　まず彼によれば、その分析対象としての「〈教育システム〉とは、実体としては近代公教育であり近代的学校制度である。[11]」すなわち、「教育」というカテゴリーを「学校」に先行させ、「学校」を「教育」を行う機関として位置づけるのとは逆に、具体的な制度・施設たる「学校」をこそ、抽象的な理念・イメージとしての「教育」に先行しそれを生み出しつつ、そうした因果関係それ自体を抹消して「教育」を自明化する「教育システム」の中軸とみなすのである。

たとえば森は、一七世紀末葉イングランドでジョン・ロックが学校に説き及んだ二つの論説、『教育に関する考察』と、議会に提出された『貧民子弟のための労働学校案』に着目する。前者は上流人士の子女に対して、学校外での、家長の監督下での家庭での教育を推奨する論説ながら、標準的な教育法としての「学校」の存在は強く意識されている。他方で後者はエリザベス（旧）救貧法体制下での救貧実践の一環としての、貧民子弟の授産施設としての「労働学校 working school」についての提案の一例だが、森はそこでロックが「教育 education」の語を使っていないことに注目する。そこにはよりはっきりと「教育」と「学校」との間の切断が見られる。この切断がすっかり忘れ去られていくなかで、「教育」は自明化していく。森はこのプロセスをイバン・イリイチに学んで「学校化としての近代化」と捉える。

「イリイチの脱学校論＝学校化論は、学校教育そのものが近代社会にたいして直接の指示連関関係をもつことに、わたくしたちの目を向けさせる。すなわち、「近代化と学校教育」ではなく「学校化としての近代化」。このユニークな観点によれば、学校教育の本質をなす〈学校的なるもの〉――質的・能動的な価値追求（学習・発達）を制度的ケアの量的・受動的消費（学校教育）に変換して人間精神を去勢する儀礼――こそが近代社会を形成する当のものであり、それは病理の治療薬であるどころか、近代社会のまさしく病巣なのである。この議論には、学校教育に中心的独立変数の地位を与える特異な近代分析の可能性がうちだされている。[12]」

「しかし、イリイチはここにとどまらない。かれは学校悪役／教育善玉論という二項対立の構図を発展的に解消し、やがて〈教育〉そのものの歴史性に言及するにいたる。すなわち、〈教育〉とは近代になって誕生した生活の一分野である、と。かれは「普遍的に善である神聖な〈教育〉が、近代社会では学校によって汚されている」とする脱学校＝学校化論の枠組みから、「〈教育〉そのものが近代社会を生成する、あるいは〈教育〉は近代社会を他の社会

――たとえば伝統社会――から区別するアイデンティティにほかならない」とする議論に傾斜をみせるのである。ここには、「学校化としての近代化」から「〈教育化〉としての近代化」へのテーマの深まりがある。[13]」

すなわち、「教育」というカテゴリーを歴史貫通的に存在する実体とみなし、その来歴を描こうとする教育史学、そして「近代」という時空間の中でのその位置取りと機能を卒然と分析しようとする教育社会学とは異なり、森の構想する教育社会学は、「学校」を中心とする「教育システム」を単なる時空間ではない、複雑なシステムとしての「近代」の不可欠の構成要素とみなし、その中での構造連関を明らかにしようとする。「教育」と「近代」は切り離しえない。そして「教育」は「近代」の下位システムである。森はやがてイリイチにならって「教育」という言葉自体の使用にさえ消極的となっていく。

しかしながら森によるこうした「教育」の自明性の解体は、実は不十分なものに終わっているのではないか。何となれば森はここで「教育」という対象の存在を自明視し、それを卒然と分析する営みとしての「社会学」には就いていないが、「教育」という対象の自明視を解除し、それを生み出す「学校」という仕組み、そしてそれを取り巻く「近代」というコンテクストの実在性について、そしてそれを分析する営みとしての「社会学」の可能性に対しては、それほど深刻な懐疑を見せてはいないからだ。その早すぎた晩年において森は「批判的教育社会学」の立場を捨て、「社会学的教育分析」の立場へと移行してしまう。そして彼は「教育」という語自体の使用を、イリイチにならって括弧に入れるが、「近代（性）」そして「社会学」は放棄しない。

森の理論的到達点はおおむね一九九九年頃の諸論文[14]にみることができるが、フーコーの影響がとりわけ濃厚なこれらの論文はしかし意地悪く見れば「批判的近代化論」の一バージョン、つまり「伝統社会」と「近代社会」の対比と「近代社会」の異常性を強調するタイプの、今となっては実にありがちな議論のバリエーションである。後知恵を承知で言わせてもらえば、もちろんその先駆性は明らかであるが、早晩行き詰まりになることを運命づけられてもいた。

もちろんそれは「素朴な近代論」とは異なり、「近代性」の内在的な構成契機の中に人間性、フーコーが『言葉と物』の中でその出自の新しさを指摘し、やがては消滅すると予言した「先験的＝経験的二重体」としての「人間」をも含み込んでいる。「教育」が近代固有のカテゴリーだというのは、その系論に過ぎない。すなわち、「教育」とはこのフーコー的な意味での「人間」の形成に関わる概念なのであり、その意味で徹頭徹尾特殊近代的である。

しかしながらここで森が看過している問題がいくつかある。ひとつには、「教育」いわんやその上位概念たる「人間」が特殊近代的なカテゴリーであるならば、「社会」もまたそうなのではないのか。そうだとしたら、それを対象とすると称する社会諸科学、なかんずく「社会学」もまた、特殊近代的なカテゴリーであるのではないか[15]。

我々は「社会学」もまた「近代」の所産であり、「近代」固有の知である、と考えるべきではないのか。となれば「社会学」という営みは「近代性」の自己省察でなければならない。そのことに無自覚な「社会学」は素朴で無自覚な「教育学」が「教育」の単なる内在的構成要素であるのと同様に、「近代性」の単なる内在的構成要素に過ぎない。「社会学」は「近代性」についての自覚的な科学であらねばならないが、その課題は「近代性」の外に脱出することによっては達成されえないのである。何となれば、「近代性」からの脱出によって社会学は定義上「社会学」ではない何者かに変じてしまうだろうから。

このように考えるならば、もし仮に「批判的教育社会学」というものが可能であるとするならば、それは「近代性」の内在的構成要素としての「教育」についての、単なる外在的客観的分析というよりは、「近代性」の内省的省察であるがゆえに、自身が必ずしも「教育」に外在してはいない――全くその下部に包摂されはしないまでも、不可分の関係にある――ことを自覚してなされる、つまり「近代性の一端としての教育についての自省的省察」として遂行されなければならない。

しかしながら「教育」の自明性を括弧に入れるための足場としての「社会学」をもまた括弧に入れるのだとすれば、ここで（「批判的」であろうがなんだろうが）教育社会学の、（「教育」カテゴリーを自明視し、その限りで「教育システム」の内在的共犯者たる）教育学に対する、学としての優位性もまた根拠を失うと言わざるを得ない。

付言すれば一九九〇年代以降、教育社会学者のみならず、規範的教育学者まで含めて、ニクラス・ルーマンが広く注目を集めたのは[16]、こうした「社会学そのものの自明性を解体しようとする社会学」を彼が構想しており、その立場から既存の社会学による規範的教育学や法解釈学への批判を痛打した――教育学や法律学がドグマティックであらざるを得ない（多くの場合事実より規範や建前を重視せざるを得ない）ことには理由があるのに、素朴な社会学はそれに気づかずに「実証的ではない」と批判するにとどまることがある――からであろう。

そして森が足を取られた今ひとつの問題は、以下のようなものではないかと私は推測する。「教育の自明化」の罠から脱出した森は、その反対の「近代の特権化」の罠に陥っていた可能性がある。近代特有の何ものかを歴史貫通的・人類普遍的な何ものかと勘違いするという罠を回避した一方で、「近代性」を実体化し、それが「近代」という時代固有の何ものかである、という錯覚に陥ってしまった可能性が。しかし「近代性」とは「近代」において目立つようになった何事かではあるにしても、決して「近代」固有のものではなく、古代にも中世にもまたあるいは「ポストモダン」においても発見されうる契機であろう。「教育」や「人間」が己の特殊近代性を隠蔽して歴史的に普遍的なカテゴリーたることを僭称しているのだとすれば、ことに社会学が強調するところの「近代性」は逆に、己の特殊性、「伝統」との断絶を強調することによって何かを隠蔽しているのではないか、と問うことはできないだろうか。

たとえば近代以前は拡大家族が主流であり、単婚小家族、あるいは核家族世帯が一般化するのは近代以降、というかつて広く信じられていた俗説は、少なくともヨーロッパなどいくつかの地域においては覆されて久しい[17]。となれば問われるべきは「にもかかわらず「核家族イデオロギー」とでも言うべきものはたしかに比較的新しく、かつては実態から乖離した「大家族イデオロギー」的なものがたしかに成立していた。それはなぜか」ということになるだろう。

あるいは思想史的な観点から見ても、近代へのメルクマールとされるイタリア・ルネサンスが、ギリシア・ローマの古典復興を眼目としていたことをどう考えればよいのだろうか？　法の整備と法学の充実、共和政体の樹立とその思想的基礎づけは、ゼロから始まったわけでもなければ、中世的伝統からの漸進的発展のみによるものでもなく、千年から二千年をもさかのぼり、キリスト教以前の異教世界を参照することによって可能となったのである。マルクス主義に顕著ではあるが近代化論にも共有される単線的発展史観では古典古代は「奴隷制社会」と片付けられ、近代的な法の支配にせよ、その前提としての共和政治にせよ、更に言えば自由な市場経済と市民社会にせよ、そのプロトタイプが古典古代のギリシア・ローマにあったことが軽視されがちである。これはポストモダン左翼のチャンピオンたるドゥルーズ＆ガタリの『アンチ・オイディプス』にも顕著だ。彼らは古典古代の中に「帝国」しか見ない[18]。

こうした事情に無自覚なままに「近代性」にこだわることは、自らを「近代」という閉域へと追い込むことに他ならない。

死者に鞭打つょうで酷な指摘となるが、晩年の森は教育史学者の寺崎弘昭に対して、「自分の仕事を剽窃した」との誹謗を投げつける。(19) 実際には寺崎が反論したように、(20) この誹謗は基本的には事実無根の被害妄想であると言わざるを得ない。ただし森の側にはそれなりに痛切な「根拠」があったといえる。

森が問題とした寺崎の作業は、主に西洋を対象とする「教育」「養育」の概念史とでも呼びうるものであった。一見したところそれは森が批判したような、「教育」というカテゴリーを自明視し、その来歴を近代以前、中世古代にまでさかのぼるという倒錯に見えかねない。しかし言うまでもなく寺崎の作業がその程度のものであるならば、森が彼を剽窃のかどで告発する必要などはない。そうではなく寺崎の作業は、近代の、我々の「教育」という概念、というより言葉の来歴を過去にさかのぼっていくと、そこには近代とは別様の思考様式、言葉の意味連関が存在していて、「教育」の祖先にあたる言葉・概念は、そうした近代とは構造的に異質な意味世界の中で、近代とは異なった――しかしまったく無関係でもない――意味を担い、別のはたらきをしていること、を示している。これは少なくとも森と同程度には洗練された問題意識に導かれた作業である。しかも森とは異なり、その射程は近代を超え、中世、古代にまで伸びている。ここに森は無意識のうちに脅威を感じ、防衛反応として「剽窃」との言いがかりをつけたのではないか。

「近代性」の学としての社会学は、恣意的という意味で「自由」な選択として「近代性」を対象とするわけではない。社会学は否応なく「近代性」の一部なのであり、むしろ社会学とは「近代性」によって語らされているのである。むろん誰しもが「近代性」によって語らされているのであり、社会学とはせめてそうした拘束を自覚しようという運動である。そのような意味での社会学の一環としての「批判的教育社会学」においては、「教育」という対象もまた当然、恣意的という意味で「自由」に選ばれているのではない。我々は好むと好まざるとにかかわらず「教育」によってフーコー流に言えば discipline（従来の定訳では「規律／訓練」、しかしより意味内容に即するなら「躾け／調教」）され、「教育」によって語らされているのであり、「教育」から自由ではありえないのだ。

――だが以上のような認識の緊張に人はどれほど耐えられるのか？　森はおそらくはその晩年において、教育から逃避しようとした――とは言わないまでも距離をとろうとしたのではないか。しかしながら彼はおそらく、「近代」からは逃げられなかったのである。

2　佐々木輝雄――職業教育という辺境から

このように考えたとき、森の没する（二〇〇六年）その更に二〇年ほど前（一九八五年）に倒れた職業教育研究者、佐々木輝雄の到達点は極めて興味深い[21]。森については、その活躍時期のみならずその仕事の内容についても「先駆的ポストモダニスト社会科学者」と呼ぶことに異論は出にくいだろう。しかし華麗で攻撃的なレトリックを駆使する（そして勇み足をしでかす）森とは対極的に、一見したところ佐々木はいかにも地味で伝統的で、しかも周辺的な教育学者である。

しかしながら、おそらくは普通の意味での、つまりは最先端の流行思想としてのポストモダニズムなど全く意に介しなかったであろう佐々木だが、「ポスト中等教育」という言葉遣いを苦笑とともに引き受けていた彼もまた、「ポスト何々」といった物言いの存在は十分に感知しており、その限りではポストモダン的状況についての、デファクトな自覚はあっただろう。そして彼の直面していた課題は、私見ではまさしく「ポストモダン」状況下での職業教育の可能性そのものであった。そしてそれはある意味で、森の入り込んだ隘路に対する一つの処し方を例示するものでもあったのである。

没後編まれた全三巻の著作集(22)の第一巻の題名『技術教育の成立』はミスリーディング、を通り越して間違いの域に達しているとさえ見える。東北大学教育学部に提出された博士学位論文を収録した同書では、普通の意味での「技術教育 technical education」あるいは「職業教育 occupational/vocational education」については（著者自身の主観的希望はどうあれ）論じられていない。そもそも「教育」について書かれているのかどうか自体、定かではない。教育に関心のある読者よりも、むしろ救貧法・福祉国家、社会政策に関心のある読者の方が、この本を楽しむことができるだろう。偏ってはいるが見通しは極めてよく、イングランド救貧法体制についての入門書としても使うことができる。

同書の実際の主題は、先にも触れた、イングランドのワークハウス workhouse 制度、つまりは後期旧救貧法体制である。house of correction, poorhouse, working school 等、様々な呼称で呼ばれたこの時代の貧民収容施設には、労働能力のある貧民や児童を強制的に働かせ、必要とあれば職業的技能や一般的教養を伝習することも行った。

おおむね内戦＝市民革命期の混乱以降に発展したワークハウスに先立っては、貧困児童の救済制度としては、通常の場合と異なり、親＝家族がではなく、コミュニティである教区が、親方商工業者に依頼して、そのもとで児童を徒弟修業させる教区徒弟制が存在していた。しかしこの制度は、ギルド的な徒弟制全般の衰退に伴って機能不全となり、保護者のいない貧困児童の救済と授産の主体もワークハウスに移行していった。しかし産業革命期に、工場における未熟練の児童労働への需要が増えてしまうと、ワークハウスの孤児のみならず両親とともにある子どもも含めての児童労働一般が社会問題となり、児童労働一般の規制（工場法）と、庶民の子ども一般に対する公教育が政策課題となったがゆえに、ワークハウスでの規律訓練は、一般児童の初等学校教育に吸収・解消されていく。

ところで、本書で描かれたような救貧法体制の下での教区徒弟制における「技術教育」と、産業革命期以降の民間の私塾としての職工学校、更にそれを受けて一九世紀後半に整備されていったより公的な職業教育・職業訓練との間にどの程度の連続性があったかは定かではない。だとすれば、同書の題名は羊頭狗肉で、著者がしばしば「技術教育」なる語を用いているのは不用意な過ちなのか？

必ずしもそうとばかりは言い切れない。もし仮に著者の「技術教育」「職業教育」研究がここで終わっていたとしたら、そう言ってしまっても構わなかったかもしれない。しかしながら(旧)労働省所轄の特殊法人雇用職業事業団(一九九九年廃止、職業訓練業務は特殊法人→独立行政法人雇用・能力開発機構に承継)が運営する職業訓練大学校(現・職業能力開発総合大学校。二〇一一年一〇月の雇用・能力開発機構廃止に伴い、独立行政法人高齢・障害・求職者雇用支援機構に移管)に職を得て、その後一貫して(学校での)職業教育と(公共施設・企業での)職業訓練の研究を続けた結果、おそらくはからずも著者は、ワークハウスにおける訓練——「授産」とでも呼ぶのがもっともふさわしい営みが、まさに現代の公的職業訓練の原点に当たるという結論にたどり着いてしまっているからだ。

第三巻所収の最晩年の講義「職業訓練の歴史と課題」は本来公開を目的とされたものではなく、公共職業訓練関係者という「仲間内」で行われたものであるがゆえの異様な迫力があり、本来なら決して(語られこそすれ)書き残されなかったであろうこと、普通の意味では「語りえずただ示されるのみ」であるようなことがあっさりと活字になってしまっている、という意味で、丹念な読解に値する稀有な言説である。

佐々木はここで自らの研究のみならず、広く近代日本教育史研究の常識を踏まえて、以下のように展望する。

「先ず、これは明治一〇年段階、一八七七年段階で、我々の先祖は、一番金をつぎ込むのに、（中略）西洋科学・技術文明の移入消化をする窓口として東京大学をつくり、そこに必要な人材を集めた、お雇外国人も雇いました。チャチな研究者を雇った訳ではございません。当時、明治初期に日本に招聘された科学・技術者というのは、最先端の人達だったと云う事をよく聞きますね。その代わり、相当高い金を払っている訳です。さっきも申し上げた、大臣以上の金を払っていた。で、最先端の人から、最先端のものを日本人に教える、そういう大学を創ろうとしたのですが、当時の日本人の数学とか、物理とか、外国語能力がございませんから、東京大学の水準を落とす訳にまいりませんから、当時のヨーロッパの大学の持っている水準と同じものを設定しますから、その教育に耐え得る人材はいないもんですから、外国に留学に出すと同時に、そういう大学に入れる予備校を下に造った、こんな形になる。そして一般庶民に画一的に、全国画一的に読み書き算盤の教育組織をつくる。この間はまだつながらない訳です。高等教育と、初等普通教育にエネルギーを注ぎました、とこうなる。職人養成だと云うのは、必要でもそこに国の金と時間は割り振られなかったと云う事になる。

それが次の段階、（中略）明治の二五年段階になりますと、（中略）東京大学に入って、外国の教科書を使って、外国の教師から、数学・高等数学・物理・工学を教えられこれを理解できるような人材がつくられたのですが、これがこういう大学に入るための旧制の中学校であり、旧制の高等学校ですね、そして大学となります。それと同時に初等教育が横に普及していく。横に普及していくと同時に、ここにつながってきた。これが大体、二〇年段階の中頃に現れた。この段階でもなお且つ、職業というような教育について、具体的に、国がそんな教育に金を投入することはない。つまりこれが先ず一つの主要幹線コースとなる訳です。ここに金が集まります。

次の段階になりまして、ようやく、明治三三年、二〇世紀になりまして、初めて、ここに、所謂、当時の言葉で云いますと実業学校というようなものが、二〇世紀になって初めて、そういう人材養成の教育システムが創られた。これは、近代産業社会の機械制工業の所謂工場の中の中堅を担う人達の、現代風に云うと工業学校に当る、そういう部門に教育のシステムが創られた。で、こっち側が新幹線コースであれば、これは地方の主要幹線に当る。中堅者、軍とこれが士官養成で、これが下士官養成で、ここが兵隊に当る。ここの人は、何の知識・技能も持たないで現場で働く。そういう形になる。

で、職業訓練について、国の金が投入された段階は、（中略）大正時代になって、初めて、（中略）金が割り振られるようになる。なぜ、そうなったか。つまり、今云った、日本の人材養成の中で、職業人の養成だとか、所謂職業訓練が担うような部分の教育と云うのは、日本の人材養成の要求度からすると、必要度があってもランクが低いと、いうことです。いいですね、これは歴史的事実です。必要性があればもっと早くからできただろうと思いますが、必要性があっても必要度が低かったと云う事です。[23]」

日本国家近代化の過程の中で、政策的優先度が低いからこそ、いわゆる「職業訓練」は後回しにされたという。ではこの大正時代という時点において、いかなる理由で、公共職業訓練は導入されたというのか？

佐々木の見るところではこうだ。

「歴史的には大正十年位に、一九二〇年代位になって初めて、国がこう云う授産だとか補導施設という現在の職業訓練と云うものに金と時間を割り振るようになった。そう云う、割り振らざるを得なくなったという云い方をしてもいいですが、何故そうなったか、と云いますと、先ほどの見ていただきたいんですが、国民の大半は、初等教育だけで、生産現場に働く、と云う形になっている。そうすると、この人達は、知識とか技能というのは、知識・技能はないと。(24)」

「こう云う人達は、こういうコースだとか、こういうコースを歩んだ人達よりも、世の中の変動に対して弱いという。何故なら彼等は、知識・技能を身に纏うチャンスを与えられなかったから。裸のままに、寒い冬の中にポイと出されたから。だから、彼等が、自分の身を守る為に、職業としての知識・技能と云うのは職場の中で、生産しながら身につける以外に術はなかった。術はなかった。で、そう云う人達が、国民の八割位がそうだった訳ですが、変動が、ここに、日露戦争、それから第一次世界大戦、これからはもう先生方にこんな事説明する必要はない。日本の産業が膨張していくプロセスで、変動の巾は益々激しくなりますから、この人達は知識・技能がないから、彼らは、常に失業という問題にすぐ当面して来る、と云うことですね。(25)」

「よーく歴史的な事実として、公共職業訓練は失業救済としてスタートしてきたと、それは誰でも云う訳です。現象はそうあったんですから。そうではなくて、何が問題なのか、これは何を意味しているかと云うと、知識・技能を持たないと云う事は、人間として生き働く事を常に危険な状況に置いている事と同じだと云う事です。で、世の中と云うのは不平等ですから、常にそういう集団を抱え込んでいると云う事です。そういう集団に対して初めて彼等が生き、働く事を、彼等に何とかしようとした時、失業救済という言葉に置き替えたっていいですよ、置き替えた時、教育訓練と云う事を、好むと好まざるとに係わらず、これを忍び込ませないと成り立たないと、いいですか。もう少し学問的に、格好良く云うと、人間的にとこう云う。人間的にと云うと、何でも説明できますからね。職業訓練って何ですか、と偉い人に云われたら、人間的にーと、こう云い出すとね、演説ぶったようになりますから、うまい言葉ですから、適当に帰って……。で、人間的に彼等が生き、働く事を彼等に保障する、せざるを得ない立場に立った時に、教育訓練、当時の言葉で云うと授産とか、補導とか、そういうものを社会が、ここに金を投入せざるを得ないと。(26)」

そして彼はこう畳み掛ける。

「さて、そう云う今云った動機で出てくる教育訓練と、先程云った近代日本のスタートで支えられた学校教育に代表された教育システム（中略）とは、A 同じなのか、B 思想的に違うのか、C 佐々木の云ってる事は分らん、A、B、Cどれですか。(27)」

「私は、職業訓練と云うのは、立身出世だとか、国が必要不可欠としている人材養成とか云う側面よりも、一人の佐々木という人間が、生きるか死ぬかの瀬戸際に当面した時に、そのコアとなる、中核となる教育訓練が、職業訓練そのものなんだと、考えてる訳です。もう少し学問的に云うと、生きることはこれは生存権、働くことは勤労権、これは、教育権、これは学習権と云ってもいい。で、職業訓練の存在そのものは、私的に云うと、生き、働くという事と、学ぶと云う事が、三位一体、不即不離、どれが上でどれが下とかでなく、それが三位一体で成り立つのが職業訓練なんだと。歴史的事実としての職業訓練はそうなんだと。失業救済として公共訓練はスタートしました、と云ってる言葉の背後にあるものは、だからそれは、近代学校教育のような、人材養成だとか選別機能とは異質なものなんだと、ここでの営みは。[28]」

つまるところ公共職業訓練とは、社会的弱者の救済のための社会政策であり、その尊厳を守り権利を保障するための防波堤なのだ——と佐々木は言わんばかりである。しかし彼はそこで話をやめるわけではない。

「さて、そういう事から、今度は、現実の動きを見て行きたいと思います。例えば世の中と云うのは、私が申し上げたような発想はそうであっても、現実に葉っぱを出し実を成らせると云うものは、真空ではなく、現実の中では利害関係があります。先生方が訓練費用を貰う為には、今、総訓の先生方が養成訓練が必要だとどうとうと喋ったって、何を云っとんのか、こう云われるでしょうね。向上訓練をやっています、在職者訓練に非常に評価が高こうございます、とうまい事嘘云って（笑い）金を貰う、という形になる訳です。いいですか。先生方の立場からは全部そうです。（中略）手練手管、左に行ってはこう云う、右に行ってはこう云う（笑い）。そして銭取ってくる、と。これが先生方の役割だと、私は思っている。純真だから、あの先生はいいんだが、なんて云うのはバカにされているという理解を今後はせなきゃいかん（笑い）。その為に、だけど、魂まで売ってしまったら駄目なんで、確固たる職業訓練観、教育観が必要だと、こう云っている訳です。[29]」

いきなりここで佐々木は下世話な本音トークを切り出した、と見える。しかしそこで「魂まで売ってしまったら駄目なんで、確固たる職業訓練観、教育観が必要だ」と念を押すことを忘れない。では、その「確固たる職業訓練観、教育観」とはなんであるのか？　先ほどの「生存権、勤労権、学習権の三位一体」のことか？　もちろんそうなのだが、ことはそれにはとどまらない。重要なことはもちろん、この「魂」を大事に抱え込むことではなく、それを重しとして抱え込みながら「手練手管」を尽くすことであり、「魂」と「手練手管」もまた不即不離でなければならない。

更に具体的に見ていこう。

戦前までの歴史を回顧したうえで、佐々木は戦後、高度成長期に目を転じ、有名な経済審議会答申『経済発展における人的能力開発の課題と対策』[30]に触れる。

「人材養成訓練というのは、人ではないんですよと、正直に経済審議会は云っているんですよ。自分達は労働力を云っているんですよ、労働力の教育訓練を云っている、いいですね。そう云ったもんですから、今度は、当然、いや教育訓練というのは、人の教育訓練であって、何も労働力の教育訓練ではないよと、いう論が出てきます。これをつなぐ為の理論武装をしなければならない、当然。この理論武装が実は非常にむずかしい理論武装で、これに文部省も、労働省もまいっちゃった訳です。(中略)。で、理論武装をどうしたらいいか、と云いますと、その理論武装をしたのがですね、この人的能力部会のですね、養成訓練分科会がですね、その理論武装をやった。[31]」

「〔以下カギ括弧「」内は経済審議会答申、人的能力部会養成訓練分科会報告からの佐々木による引用――引用者註〕「このような産業界の動向に対して要請されるマンパワーを養成する教育訓練の体制は、従来のままでは必ずしもこれに即応する姿にならないと考えられ、このことは将来の経済発展、ひいては国民の福祉の向上に重大な問題を提起するものと考えられる。本分科会は、以上のような観点からこの経済成長との関連において問題となる人の養成訓線の諸問題を検討し、」その人の「その方向づけを行なってきた。」と云ってる。

つまり、経済審議会の総括答申では、経済と教育とは労働力の教育訓練だとこう云ったんです。しかし、養成訓練分科会の人は、理論的武装をせんなん為に、ここでは経済成長と関連のある問題となる、ここでは人の、人の養成訓練の諸問題だ、と、こう云った。そこの説明が以下です。

（中略）

「もちろん教育の究極の目的は人格の完成であり」、勿論教育、職業訓練の究極の目的は人格の完成であり「人間形成を通じて個人の福祉の向上を計ることである。人間はすべての政策の究極の目標であって、手段ではない。」労働力の、国のために人間があるのではない。「したがって産業界から与えられる教育面への要請を検討する際も、教育本来の目的との間の関係について正しい認識が」いる。

いいこと書いてますね。さてその後です。

「ところで、人間形成と経済の方向に見合った教育ということは」、人間形成と経済の方向に見合った教育、あるいは職業訓練というものは、「対立する概念ではなく、密接に関連しているものである。人間の孤立した生活は考えられず、社会経済の仕組の中の一員として生きていくものである以上、人間形成とは社会人として、経済人としての人間の形成を重要な要素として含むものである。そして、経済の高度成長それ自体が国民の福祉の向上を究極の目的としている以上、その経済のためのマンパワーの養成は教育目的」であり、人間形成、人格の完成という教育目的と「一体の関係にあるといえよう。」と。

こういうように、二つの文章をつないでくれたんです。これで一安心、我々の職業訓練は、だから、これに乗っかって、どんどんと普及させていけばいい。学校教育もどんどんと普及させていけばいい。こうなった訳です。[32]」

「正に僕が云いたいのは、職業訓練と云うものが、学校教育と同じ人材養成に役に立ちますよという所に身をにじり寄せて、初めて職業訓練が社会的に、量的に普及するんだと、こういう風になる。だけど、職業訓練、特に公共職業訓練の元々の基本的な性格はそこにはないんだと、むしろそういう風なんであれば学校の方が本丸なんです、昔から。そこで、僕達の職業訓練の混乱と云ったらいいんでしょうか、非常に難しい立場が僕達に置かれている。いいですか。(中略) 本質はどっちかと云うと、余り国の富の増加に役に立たないところの教育訓練というところがほんとうの職業訓練の良きのところなんですが、それを前面に出しますと、世の中は、そんなに許してくれない訳です。全く社会行政、厚生行政に徹すれば別ですよ。ああ気の毒だと、徹しきればいい。しかし、そんなこと厚生省がやってくれる。労働省はそれに徹しきれない。じゃ、産業の担い手を養成しますと云ったら、文部省の方が先です。通産省からの計画がボンと行ったら、文部省は膨大な予算使ってやる訳です。で、労働省がやると、通産省の下請省的な事をやらざるを得ない。銭も少い。非常に僕達が、こういう矛盾の狭間にずーっと、今迄もいたし、これからも、僕はこう云う立場に置かれると思います。[33]」

佐々木は結論として、公共職業訓練がマージナルな存在であり、そのようなものでしかありえないことを認めてしまっている。学校教育の中心が職業教育ではなく普通教育であり、職業訓練の中心が企業内訓練であること、労働市場と学校教育とはそのような形でそれなりの均衡（これについては後に見る）を作り上げてしまっていること、それゆえに公共職業訓練とは、そこから零れ落ちる弱者の救済の仕組みでしかありえないことを認めてしまっている。

そのようなものとしての公共職業訓練を佐々木は肯定するのだが、既にみたとおりその肯定のそぶりは一筋縄ではいかない。パラフレーズしよう。

あなた方、公共職業訓練の推進者たちは、決してそのような、公共職業訓練に関する真実を口にしてはならない。そうではなく「公共職業訓練は――ただ単に弱者救済としてではなく――役に立つ！」と声を大にして言わなければならない。社会の後衛ではなく、前衛であると強弁しなければならない。そうしなければ公共職業訓練は、その本来の後衛としての役目さえも果たすことができないだろう、と。

「近代性」のメインストリームは学校であり、企業である。もちろんそこからおちこぼれてしまう人々は存在し、それを救うことは必要である。あるいは時に人々は「近代性」に倦んでしまい、その周縁に対して優しいまなざしを向けることもあるだろう。しかしながらいずれにせよ、大勢としては世の中は「近代性」に支配され、学校と企業を中心に回り続けるのだ。そこからこぼれおちる人々を救う営みは、決して主流にはなりえないだけではない。自らもまた主流への忠誠を誓って見せさえしなければならない、と。

これはある意味、恐るべきシニシズムでありニヒリズムである。だがそうしたシニシズムとニヒリズムを情熱と共存させるのが、「プロ」というものだ。佐々木はそう語っている。

公平を期して言えば、もちろん佐々木もまた弱音を吐いている。講演の最後に佐々木は、マーティン・トロウの大学論、「エリートからマスへ、マスからユニバーサルへ」という高等教育普及の段階論(34)を踏まえて、ある意味で「ポジティヴ」な展望を語ってしまっている。

「大衆化してきますと、(中略)高卒後ストレートに大学に進学して、中断なく学習し、デグリーを取得する、これがエリート型の大学。ところが、マス型になると、ノンストレート、ストレートではない。ドロップ・アウトの比率が高い。それから更に進んでいきますと、特に高卒からすぐに入る訳でもない、入学時期の遅れや成人が増加する。ストッピング・アウト、途中で一時休止する、又、現場に戻って、又勉強したくなったら戻ってくる。そうシステムができる。で、現代の学生は勉強意欲がないという現象で説明するんではなくて、実は僕達の教育観、そのものが過去の教育観では抱えきれない状況にきているんだと云う理解をするのかしないのか。今、申し上げたのは、資料を見たのですが、いくつかを見ていきますと、実は職業訓練がいまだに、エリート型価値尺度から見られた時に、うさん臭く、安かろう悪かろう、そのような教育・訓練のように見えましたけれども、実はそこで僕達が身に付けた知恵とノウハウは実は今正に、今正にこの大衆化された社会の中で、とても大切なノウハウを僕達は持っているのではないだろうかと。

失業者の教育訓練について、各種学校はやってくれるんでしょうか、文部省はやってくれるんでしょうか。ただ出来るんでしょうか、文部省系各種学校の人材が。あるいは在職労働者の教育訓練を東京大学はやってくれるんでしょうか。多分、混乱するからかなわん、と云うと思います。そうじゃないでしょうか。そう云う、在職者の教育訓練のノウハウはどこが一番日本では持っているでしょうか。私は職業訓練校だけとは云いませんけれども、訓練校はたくさんそのノウハウを私達は持っている。[35]」

これをあえて「弱音」と呼ぶ理由は、ここで佐々木はシニカルな強弁ではなしに公共職業訓練のポジティヴな意義についてアジテートしてしまっているからだ。もちろんそれは完全な欺瞞などではなく、相応の真実を含んでいるのだが、それでも「職業教育こそがこれからの主役だ」ととられかねない点において、佐々木はそこで踏み越えてしまっている。シニシズムを超えてまっすぐ語ってしまっている。「魂」と「手練手管」が矛盾することなく一致する理想の境地があるかのごとくに。実際、ポストモダニストの多くはそうした境地を実体化することによって、挫折していったのだ。

3 教育のポストモダンとは？

佐々木のスタンスを「ポストモダン」的と見なすべき理由はすでに明らかであろうが、念のために説明しよう。

森の教育批判が、あたかも超歴史的かつ普遍的であるかのごとき「教育」更には「人間」というカテゴリーが、実は近代社会システムが生み出した特殊歴史的な仮構であり、近代の学校教育とはそうした仮構的規範へと人々を規律訓練していく権力機構に他ならないことを告発するものだとしよう。しかし森はもちろん、そこからの脱出路は示さない。更には、こうした近代への批判・告発、それを支える社会学的知それ自体が、他ならぬ近代社会システムの所産であり、それゆえ「教育」「人間」と同様に近代によって先回りされ、囲い込まれてしまっていることに気付いているかどうかも定かではない（おそらくは気付いてしまったがゆえに晩年の沈黙がある）。

もう少しだけ詳しく言い直そう。いまやよく知られているように、『監獄の誕生』[36]においてフーコーは、「人間の内面は、あらかじめそこにあって、それが監獄や学校といった装置によって抑圧されたり成形されたりするのではなく、まさにそれらの装置のはたらきを通じて創出されるのだ」と語り、『性の歴史I　知への意志』[37]において、「いわゆる「性の抑圧」は自然にそこにあるセクシュアリティを押さえつけていたのではなく、まさに押さえつける身振りを通じて人々の間にそれへの視線、それへの関心、それへの欲望を煽り立て駆り立てていた、つまりセクシュアリティそれ自体を構築していたのだ」と論じた。このような意味において「権力はポジティヴで生産的」なのである。そしてこの意味での「人間」を対象とする人文諸科学、人間科学（もちろんそこには教育学も含まれる）は権力の構成要素に他ならない。

しかしながらこのように権力が「人間」、近代的な意味での人間性を生産しているというのであれば、近代的な意味での「社会」もまた権力による生産物であるとはいえないだろうか？　素朴に考えれば、「教育」そして「人間」が近代社会システムとその権力作用の所産だとすれば、それらを捨てて別の社会システムに移行することによって「教育」「人間」と縁を切ることが可能である、ということになるかもしれない。しかしながらそこで前提とされている「社会」についての思考が、構造的に「人間」と全く同型で、いわば二の轍を踏んでしまっている可能性はないだろうか？

フーコーが『言葉と物』(38)で語ったような意味において「人間」が「経験的＝先験的二重体」であるとは、現実存在としての人間が特定の性質、個性をそなえた生身の具体的＝経験的存在であると同時に、理念としての人間が「理性」とか「自由」といった観念を体現する超越論的（先験的）地平、あれこれの具体的な実在を超えた可能性の織り成す空間でもある、ということだ。たとえば「宇宙人」という概念のことを考えてみればよい。他の天体から来た、明らかに人間ではない生物でありながら、人間にとって理解可能な知性を備えた存在を「宇宙人」、つまりは何らかの意味での「人間」であると定義するならば、そのとき「人間」という言葉の意味はどうなっているのか？　ここで「人間」という言葉は、個体であれ類であれ、何らかの具体的な存在を指すものとしてははたらいてはいない。

さてここで言いたいのは、近代、ことに社会学の成立以降の「社会」という概念もまた、同様に「経験的＝先験的二重体」になっている、ということだ。先に「「教育」そして「人間」が近代社会システムとその権力作用の所産だとすれば、それらを捨てて別の社会システムに移行することによって「教育」「人間」と縁を切ることが可能である」という素朴な思考を例示してみた。ここでは「社会」を巡る思考は、あれこれの具体的な社会システム、そこでの人々の生活とそれを律する規範や慣行の具体性のレベルと、そうした具体的な社会システムが多種多様にありえるという可能性のレベルの両方を往還している。社会学的思考とはまさにこの往還のことであり、それが市民社会レベルに浸透した局面をアンソニー・ギデンズにならって[39]「再帰的近代」と呼んでもかまわないだろう。

「学校」の鬱陶しさから逃れようとしても、それが「学校が教育を歪めている」という思考の枠内でのことであれば、問題の核心は取り逃がされている。そこで「教育」それ自体から逃れよう、と問題設定を変えたとしても、それが「教育が人間性を歪めている」という思考の枠内にとどまっているのならば、やはり「人間」という理念の権力装置の下にあることになる。そこでいっそ「人間」から解放されよう、と別の社会システムの構想に賭けてみたところで、この思考もまた、「社会」という強迫観念の下に拘束されてはいまいか――と意地悪く言えば言える。

このような森のポストモダン的堂々巡りに対して、佐々木は「教育」からの脱出路など示さないのはもちろんだが、そもそもそのようなことを求めてもいない。もちろん佐々木も教育に対して無批判ではない。佐々木は日本近代の教育システムの基軸が、先端的な学術研究教育機関としての大学を頂点とする序列構造であることを認めてしまっている。それはあからさまなヒエラルキーであり、そのもとで差別され排除される人々を生み出す。佐々木が考える職業教育とは、そうしたヒエラルキーに押しつぶされ、あるいはそこからこぼれ落ちた人々を救済する取り組みである。

しかしそれは決して近代学校教育に対するオルタナティヴなどではない。それはあえて言えば、近代学校教育の下位システムであり、補完物である。職業教育もまた、近代学校教育が抱える「教育」「人間」というカテゴリーを受容し、その規範に合わせて人々を調教していくシステムの一環ではある。ただしそれは「教育」「人間」の普遍的かつ抽象的な規範だけでは、生身の人間を規律訓練しきれない、という現実から逃げないし逃げられない領域で活動している。

メインストリームとしての学校は、現実には選別と排除の機構を備えており、そこに適応できない人間をある程度は排除しても許されるし、また排除することなしには十全に機能できない。しかしその一方で、規範的にはそうした排除は望ましくないことである。学校を駆動するのは「教育」による「人間」の完成可能性、という理念であるからだ。このギャップを素直に批判するのが、最も素朴なタイプの批判的教育学であり、それはもちろん「教育」による「人間」の完成可能性を素直に信じる（振りをする）点においてメインストリームの教育学の一翼を担う他はない。これに対して森がその一例である「批判的教育社会学」は「教育」による「人間」の完成可能性の鼓舞と追求が、マッチポンプであることを指摘し批判する。これは典型的な「フーコー左派」「左翼ポストモダニズム」の作法である。しかしながらそうした批判の所作は、意地悪く言うなら「批判」による「社会」の変革可能性という理念を抱えてのマッチポンプなのかもしれない。

佐々木はそのような夢から、極力距離をとろうとする。

「教育」による「人間」の可能性という理念が抑圧的で暴力的である理由の一つは、それが抽象的で具体性を欠いているからだ。理性的で自由でありさえすれば、その限りで自分の能力を望むままに発揮しさえすれば、人がどのような存在となり何をしようとも肯定する、という形式的には極限的に寛容なその建前が、そうした寛容さからもこぼれる人間がいるという事実、あるいはその建前を掲げる現実の人間や制度が、実際にはどうしてもその建前を貫徹できないという事実を認めがたくする。あるいはそのような理念の暴力性を批判したとしても、そうした暴力性を廃した社会を建設できる、という理念が、同様の問題をはらみうる。

それに対してたとえば古典古代的な立場、とでもいうべきものを考えてみよう。先の「教育」による「人間」の可能性という理念は言い換えれば近代ヒューマニズムであり、現代政治哲学・道徳哲学のボキャブラリーに置き換えれば「リベラリズム」のそれだということになる。この意味でのリベラリズムは人格の尊厳の絶対性にコミットするがゆえに、人格それ自体を――いわば無限大の価値をはらむがゆえに――評価の対象としない／できない。それが評価するのはただ行為のみである。それに対して、リベラリズム批判として二〇世紀末以降注目を浴びるコミュニタリアニズムは、古典古代的な「徳」の倫理学への回帰であり、行為よりも人格それ自体を重視し、人格それ自体の評価を回避しない。

徳倫理学のスタンスからするならば、リベラリズムとの場合とは異なって「理想的市民」「立派な人」の具体的なイメージが明確に結ばれると同時に、それが具体的であるがゆえに、人間の無限の完成可能性という理念はむしろ放棄される。理想的な人間像から外れざるを得ない人間、人格において低劣であったり弱かったりする人間が存在することは避けようのない事実として認められ、そうした人間の救済や規律訓練は、できればないことにしておきたい汚い裏仕事ではなく、不可避の課題として引き受けられる。規律訓練とケアとは表裏一体で不可分であり、それを担う力が「徳」と呼ばれてきたのである。

「ポストモダン」状況が上で述べたような意味での「近代」的な理念の無理、それを押し通そうとすることの弊害が強く意識され、そうした理念が人々にとって欺瞞的に思われてしまう状況のことであるとしよう。そう考えるならばコミュニタリアニズムとは、「ポストモダン」的な思想であることは疑いない。ただそこに伝統回帰へのモメントが看取されることが多いため、「ポストモダニズム」の一種とは認められないことが多いだけである。

ただしもちろん、近代以前の伝統の再評価がしばしばなされるとはいえ、現代の徳倫理学は単なる伝統回帰の立場ではない。まず理想的な人間像は具体的であるため、歴史的に特殊で複数ありうることが正面から認められる。だとすればそのような多様な人間像がそれぞれに相対主義的に居直り的絶対化されることを避けるためにも、リベラリズム的に薄っぺらく抽象的な「無限の可能性」としての「人間」理念もまた捨てることはできない。

更にまた、徳倫理学が提示する理想的な人間像の内実であるところの「徳」、人間のさまざまな能力・性質は、必ずしも実体化されない、というよりされえない。

たとえて言うなら、リベラリズムが道徳の本態を、行為を統制し導く普遍的なルールとして捉えがちであるのに対して、徳倫理学はそれをむしろ、様々なルールを具体的な現場で自在に運用する実践的技能、として捉える。あるいは乱暴に言えば、前者がマニュアルであるとすれば、後者はマニュアルを使いこなすスキルであって、それ自体はマニュアル化できない。だから徳倫理学は、「ルールとしての道徳」観の不十分さを指摘するものではあっても、それに対する完全なオルタナティヴではありえない。(40)


ここまでくれば、佐々木による職業教育、なかんずく公共職業訓練の、メインストリームの学校教育に対する位置づけは、コミュニタリアニズム、現代的徳倫理学の、リベラリズムに対する位置取りとのアナロジーにおいて考えることができるのは明らかだろう。それは近代を批判しつつ、そのうちに踏みとどまり、その外側に脱出しようという夢を見ない。

佐々木の著作を今読む者は、三〇年以上、せいぜい臨教審の時代まで、「生涯学習」が叫ばれ始めた頃までの仕事であるにもかかわらず、それが現在の職業教育、更には教育全般についてもなお通じうる問題提起をしていることに驚くだろう。しかしそれは同時にまた「ポストモダン」の問題でもあることに気付く者は、どれくらいいるだろうか？

生前の佐々木は、職業教育研究の狭いサークルの外ではほぼ無名に終わり、その死はあまりにも早かった。一方森は一九八〇年代後半から九〇年代にかけて、これも狭いサークルといえばそれまでだが、東京大学の教育社会学研究室、更には教育社会学会の理論部会においてリーディングな論客として注目を浴びていた。しかし彼は「学力低下論争」に端を発する、実証的政策科学としての教育社会学の二〇〇〇年代におけるブーム——苅谷剛彦、広田照幸、本田由紀がその「主役」である——においてはほぼまったく何の役割も果たさないまま世を去る。

しかしながらこの教育社会学「ブーム」の射程は、実のところ森と佐々木の切り開いた地平をさほど出てはいなかったのである。次節では彼らの仕事の検討を通じて、そのことを確認する。

4 世紀転換期日本の教育と労働市場をめぐる議論状況

a 脱学校論の反省

イリイチ的脱学校論に代表される、新左翼的学校教育批判（管理教育批判や能力主義批判）と、石油危機以降の低成長時代に勢いを得た「規制緩和」「民営化」「小さな政府」を唱道する新自由主義、ネオリベラリズム（これをある種の新右翼、新保守主義ととらえることもできる）の政策論の合作として、二〇世紀末の学校教育の相対化——公教育に対する規制緩和や自由化、学校外の教育チャンネルの正規化等々を位置づけることができる。(41) むろんそうした流れは、まさに他のネオリベラリスト政策と同様に、社会的な格差の拡大やコミュニティの破壊の咎で、新旧の左翼からの批判に晒されることになる。そうした批判の少なからずはもちろん「蓋を開けてみれば……」という、局面が一定程度進行してからの後知恵的なものであったが、当初からネオリベラリズムとの「事実上の」「暗黙の」共闘への警鐘をならす声はあった。

それではなぜこのような、ネオリベラリズムとの――「敵（ケインズ主義的福祉国家体制の一環としての二〇世紀公教育体制？）の敵は味方」的マキアヴェリズムを前提とした？――「事実上の」「暗黙の」共闘がなりたってしまったのか？　その要因の一つは、この時代のラディカルな学校教育批判の中で、学校教育無用論――「公的な学校教育は抑圧的で暴力的であるのみならず、実践的にも役に立たず非生産的である」という類の議論が一定の説得力を発揮してしまったことである。

単純化のために、その経済学的側面に限定して乱暴に要約すると、オーソドックスな教育の経済的正当化論は、人間の能力を一種の生産設備、資本財と解釈して、学校を始めとする教育サービスを、その能力、生産性を向上させる設備投資と考えるものであった。このアイディア自体は少なくとも一九世紀からあったが、一九六〇年代には農業開発経済学者のセオドア・シュルツ、理論経済学者のゲイリー・ベッカーらによって、単なる比喩を超えた実証研究のための道具立てとして整備され、途上国開発や教育政策の指針や評価基準としても用いられるようになる。(42)

しかしながら研究が進んでくると、公的な教育投資が所期の成果を上げない――具体的に言えば、貧困者や社会的弱者の子弟への教育支援が、彼らのキャリアを思ったほど改善できず、貧困の世代間連鎖＝「貧困の罠」をなかなか解消できない——ことも明らかとなってくるなかで、「学校教育には生産的な投資としての効果はなく、人を選別する——既にある能力・性質を識別する効果くらいしかない」という代替仮説（経済学的に言えば「シグナリング」「スクリーニング」仮説）が影響力を増してくる。その社会学的なコロラリーとして、ラディカルな経済学者のサミュエル・ボウルズ、ハーバート・ギンタスらの「対応理論」[43]やピエール・ブルデューらの「再生産理論」[44]等、識別の対象を個人的能力よりも個人の社会的・階級的出自と考え、学校教育を既存の社会的階層構造の再生産の仕組みと理解する議論を考えることができる。これらはイリイチの脱学校論と並んで、森の言う「批判的教育社会学」の原点というべきものである。[45]

フーコー的に言えば、学校は生徒の学力、能力を向上させていなくとも、学力、能力への欲望を喚起することによって、社会的な理念としての「学力」「能力」を生産していることになる。脱学校論的、あるいはフーコー左派的な学校教育批判は、そうした学校教育のありようを、自己の存立根拠、正当性根拠を自己に先行して存在する「学力」「能力」更には「人間性」への奉仕に求めつつ、実際にはそれらのカテゴリーを自ら生産する自己正当化のマッチポンプとして告発するものであったが、そこには暗黙の裡に、「学校教育はイデオロギー的な自己正当化以上の積極的な機能を持っていない」という前提が含意されていた。

こうしたラディカルな教育批判者からの学校教育無用論は、公教育の弱体化に積極的に加担したかどうかはともかく、少なくともいわゆるネオリベラリストによる公教育批判に消極的に加担してしまったといえる。しかしながら結果的に見ればそれを別としても、脱学校論的教育批判には、いくつもの錯誤が存在していた。

ひとつには、人的資本論＝教育投資論とシグナリング／スクリーニング論は相互に矛盾するものではない。そして現実世界においては、どちらのメカニズムも現実に作動しており、そのどちらが強いかは状況次第であって、一概には決まらないらしい。学校教育はもちろん選別もするが、選別しかしないわけではない、ということだ。とりわけ二〇世紀終盤以降のＩＴ革命は、教育投資のプラス効果への関心を改めて強く引き起こしている（「技能偏向型技術変化 skill-biased techn(olog) ical change」と呼ぶ）。これをどう解釈すべきかについてはもちろん含みはあるが、この技能偏向型の技術変化は、人的投資の集約化現象としても理解されている。つまり情報通信革命下の賃金格差は、主として人的投資の外部性、スピルオーバー効果が伴う「ただ乗り」現象の副作用であり、逆に適切な公共政策の投入によって、格差の縮小と成長率向上の一挙両得のチャンスでもある、という話にもなりえる。

単純に考えれば大学進学率の上昇は、大卒者の労働供給を増やし、その賃金を引き下げる――高卒以下層に対する優位を減らす効果を持つはずである（理論的にそうであるというだけではなく、歴史的な実例が確認されてもいる）。しかしながら二〇世紀終盤から（おおむね一九八〇年代以降）の先進諸国のいくつかでは、大学進学者の増加にもかかわらず、大卒以上層と高卒以下層との賃金格差が縮まらず、むしろ拡大するという現象が観察されているが、その背後には上述のメカニズムがあるのではと推測されている。[46]

もう一つ重要なことは、そもそもシグナリング／スクリーニング論は「学校は非生産的で無用だ」などという含意を持たない、ということである。仮に学校教育が、生徒の能力を向上させたり、その性質を変えたりする機能を全く持たず、ただ単に生徒の能力・性質を識別する機能しか持たなかったとしても、そのことは学校が経済的に無用で非生産的であることを全く意味しない。ここで学校は、「誰がどの程度有能か」という社会的に有用な情報を生産するという機能を果たしている（それはちょうど金融業者や商人が、自分自身ではモノを作り出さなくとも、社会的に有用なはたらきをしているのと同じことである）。

以上みた如く、学校教育は必ずしも、イデオロギー的自己正当化に特化した無用な存在ではなかったがゆえに、ネオリベラリズムの影響下での部分的脱学校化――公教育の特権剥奪、相対化は、社会全体の脱学校化というよりは、公的統制のもとにあった学校教育の規制緩和と民営化を促進することになった。規律訓練の暴力性は、「選択の自由」の大幅な導入によってところによっては緩和されたかもしれないが、多くの場合それと対になっていたはずのケア、後見的保護の後退という副作用を伴わずにはいなかった。

二〇〇〇年代初頭に苅谷剛彦らの研究と論陣が注目を浴びたのは、以上の如き文脈のもとでのことである。[47] この時期の苅谷らの議論は、ちょうど同じ頃、「ゆとり教育」の名のもとに、当時文科省の幹部であった寺脇研の主導下に鳴り物入りで導入された、緩やかな「脱学校」志向の公教育改革が、社会階層間での学力格差、更には意欲格差（苅谷の印象深い用語法によれば「インセンティブ・ディバイド」）をもたらしてしまうのではないか、という問題提起として読まれた。つまり単なる人的資本の量的格差にとどまらない、社会的断絶を生む装置に学校教育がなりかねない、という警鐘として。そしてその際苅谷は当然、それに対抗して学力格差、意欲格差（インセンティブ・ディバイド）を縮めて教育サービスの平等化を求めるときに、それがその当然の副作用として、寺脇らが目指した学校教育の抑圧からの解放、子どもたちの心身への管理の軽減に対する逆行、反動を伴わずにはいない、ということも自覚していただろう。そのとき苅谷の脳裏にはおそらく、同門の敬愛する先輩であった森の挫折のことが浮かんでいただろう。

b　職業教育（能力開発）と労働市場

では他方この時代、佐々木の主題であった職業訓練はどのように展開していたのだろうか？とりあえず日本に限定してみるならば、佐々木の晩年、臨調と臨教審の時代はまさに日本の職業訓練行政の転換期でもあり、「職業訓練」に代わる行政用語としての「職業能力開発」もこの時期以降急速に人口に膾炙する（一九六九年制定の「（新）職業訓練法」が一九八五年に「職業能力開発促進法」に改称される）。そして職業訓練＝能力開発政策の考え方自体にも転換が生じた。[48]

それまでの職業訓練行政においては、職業訓練政策の中心は国・地方公共団体の公共施設における行政サービスとしての職業訓練と、学校における職業教育の強化充実にあり、企業レベルでの従業員への教育訓練や、労働者の自己啓発はどちらかというと周辺的な位置づけであった。しかし八五年の職業訓練法改正（以後、職業能力開発促進法と名称変更）において明確に「事業主」、つまり雇用者、企業が職業訓練の主体として位置づけられる。これはもちろん、職業訓練行政が、直営の公共施設での職業訓練のみならず、企業レベルでの従業員への教育訓練の支援と規制もその対象とすることを意味するが、のみならず、そもそも日本の産業社会における労働者の能力開発の主役を、「官」から「民」へ――労働行政と職業教育から、企業と（個人としての）労働者へと位置付け直す、ということをも含意していた。この考え方によれば、技術革新の高度化に対して公共職業訓練は敏速にキャッチアップすることが困難であるがゆえに、職業能力開発の主体は技術を現場で実践する企業と労働者であり、行政の仕事はその条件整備、ならびにそこからこぼれる周辺部――具体的には在職者や新卒者にではなく、中途退職や解雇による失業者やその他求職者へのサービス提供にあることになる。またそうした直接のサービス提供においても、公共の訓練施設のみならず、各種学校その他民間の教育訓練サービス企業の活用が積極的に行われるようになる。

少なくとも六〇年代までは官民挙げて、そしてまだ七〇年代においても、職業訓練の理想はあくまで、公教育、学校教育の下での職業教育と、公共職業訓練の充実にあり、そうした理想に照らしてみたとき、公教育における普通教育の偏重と、企業の採用行動における学校での職業教育課程の軽視、人材育成における企業内教育中心主義はむしろ「逸脱」とされた。しかしながら七〇年代から八〇年代にかけて、こうした現状は追認――というより積極的に肯定されるようになる。[49] この方向性は何を意味するのか？　非常に大きく言えばそれは、いわゆる「日本的経営」「日本的雇用慣行」、いわゆる「終身雇用」「年功賃金」「企業別組合」の「三種の神器」のもとで、中核的正規従業員を長期的に抱え込むことを軸とする、戦後日本に支配的となった（それが多数派になったとは言い切れないが、主導的大企業で実践され、一種の模範、あるいは典型イメージとなった）日本企業の雇用慣行が、かつて言われたように、外部市場を積極的に利用せず、家族的あるいは封建的な伝統的（非近代的）共同体秩序に依存する、経済的に非合理な仕組みなのではなく、それ自体合理的で効率的な、日本固有の「近代」のありかたなのだ、という理解が一般的となったことが背景にある。[50] その下では、大まかに言えば、技術革新が絶え間なく続く近代産業の現場においては、労働者の技能訓練は、その費用を主として雇用主側が負担する、企業毎の現場における On-the-Job Training を基軸とする方が、企業の外、つまり現場から独立した教育訓練施設において、労働者や政府の費用負担において実施するよりも合理的である、というロジックが説得力をもって受けとめられたのである。多くの大企業が新規高卒者採用においても、事務労働を担うホワイトカラーのみならず、生産現場のブルーカラーの採用においても、技能教育を受け即戦力となるはずの職業科よりも普通科を選好し、学校における学力や素行を高く評価する、という傾向を、苅谷剛彦は学位論文をもとにした『学校・職業・選抜の社会学――高卒就職の日本的メカニズム』[51]で活写している。

このような日本企業理解を、公的な労働行政、職業訓練行政も受容したことによって、先に見たような政策転換が生じていったとしたら、それが何をもたらすだろうか？　ここで問いたいのは、この時期以降の職業訓練行政が、想定されたその主体を公的学校・訓練施設から民間の企業に移した（もちろん、主体は雇用主たる企業のみならず、被雇用者たる労働者自身でもありうる——がそれはあまりにも理想論だろう）と同時に、その趣旨においても佐々木が指摘したような「密教」としての弱者救済を急速に忘れ去り、「顕教」としての教育訓練＝人的投資の論理を馬鹿正直に受け止めるようになっていったのではないか、ということである。

佐々木のいう「顕教／密教」の二枚腰をこの文脈に適用すると、日本の労働市場、労働経済の中核は大企業の内部労働市場にあり、職業教育を含めた人材の配分と育成もそこを中心に行われる。そして学校教育も、職業教育における具体的な技能形成によってよりも、むしろ普通教育を中心とした、汎用知識の習得と、なにより職業現場への順応のしやすさ（近年では「エンプロイヤビリティ employability」などと呼ばれる）の育成によって、企業内労働市場への入り口としての新卒者労働市場の供給サイドとしてはたらいている、ということになる。このような見方をするならば新卒者ではない労働者の公的職業訓練、それどころか中等教育における職業科でさえも、日本の労働市場の中核的人材を供給するのではなく、その周辺部を固めるものとして位置づけられてしまう。

「職業教育は、実際にはそのような周辺的存在であるにもかかわらず、その事実をむしろ隠蔽して労働市場の中核を支えるべき存在として自己主張を続けなければ、実はその周辺的機能さえも果たせない」という逆説を佐々木が提示していたとすれば、その傍らにはもちろん普通教育の逆説が隠れているはずである。すなわち日本の普通教育は、「密教」のレベルにおいては学歴競争を通じて新卒者労働市場を、ひいては大企業の内部労働市場を支えているにもかかわらず、「顕教」においては学歴序列の頂点たる大学の機能を、あたかも労働市場とは無関係の学術研究にこそあるかのように装っている。そして佐々木の論理をパラフレーズすれば、大学を頂点とする学歴序列が労働市場機構の一環としての機能（密教）をよく達成するには、大学、学校がむしろ労働市場とは独立した別個の存在であるかのように扱われる（顕教）べきだ、ということになるだろう。

イリイチ以降の脱学校論やフーコーの権力分析を踏まえたポストモダン左派の学校教育論は、いわばこのような「顕教／密教」の二枚腰を「二枚舌」的な欺瞞として告発するものであった。近代の学校教育は、その建前にあるような、自由な人間がその自由意思において有用な知識・技能を習得する場所なのではなく、実際には人間の自律を奪い、企業や国家に、近代社会の管理機構に適応しやすい従順な存在へと規律訓練、つまりは躾ける／調教する場所なのだ、と。しかし初期のポストモダン左派がつかみ損ねていたのは、建前、「顕教」と本音、「密教」との関係の複雑さであった。実際には従順な身体への調教は、ただ単にいかなる命令にも従う空虚な人間を作り出すことを目指すわけではなく、むしろ特定の具体的な知識や技能の習得を通じてこそ行われるのであって、両者は普通切り離せない。建前とは単なる嘘ではないし、本音は実は建て前なしには自立しえない。そしてもうひとつ重要なことは、人を従順な身体へと調教することは単純な暴力ではなく、監護し扶養すること、ケアすることと不可分である。あるいは言い換えるならば、人間社会は合理的な人々が意識的に作り上げる組織の論理だけでできあがってはおらず、自然発生的な共同体の論理によっても動いており、その事自体はよくも悪くもないし、現実問題として不可避である。だがそのような微妙な構造に、初期のポストモダン左派の学校教育批判は十分に気づいていなかった。

そうした初期の脱学校論が、結果的には意図せずしていわゆる「ネオリベラリズム」（しばしばそういわれているような「市場原理主義」などではなくむしろ「公的なるもの」の解体志向である。「民営化」志向と言い換えてもいいが、しばしば誤解されるように「市場志向」となるとは必ずしも限らない）に加担することになった、とはすでに述べた。もちろんこうした左派的な脱学校論が公的な職業訓練・職業能力開発行政に直接的な影響を与えたとは考えにくく、せいぜい間接的であった、あるいは脱学校論と企業中心の能力開発政策は、同時代における同じ潮流の中の二つの波頭であった、というべきなのだろう。このあたりは複雑なのでやや整理しておきたい。

既述の通り七〇年代半ば頃までは「職業教育・人材育成のみならず、人材の選抜、配置にいたるまで、日本の労働市場は外部市場よりも企業内の組織的配分を中核とする仕組みになっていた」という事実認識に加えて、「そのような現状は非効率的であり、外部市場のより活発な利用と、企業外の公的職業訓練の充実を目指すべきだ」という声が有力であった。それに対して七〇年代後半からは、「新卒採用者の長期雇用を前提とした、内部労働市場中心の人材管理が、少なくとも技術革新によって日本経済の中核を支える大企業にとっては合理的である」という理解が学界において注目を浴び、それがやがて公共政策に反映した。不況期の雇用政策においても、公共事業による雇用創出や、公的職業訓練や職業紹介による失業の解消以上に、雇用調整助成金を企業に給付するなどして、企業に雇用の維持を通じた労働者の生活保障の負担を分担させる、というアプローチが定着し、職業能力開発においても企業レベルでの人材育成にむしろ期待する方に政策担当者の思考がシフトしていった。つまりは「学校や公的職業訓練はうまくいっておらず、そのことが日本の労働市場、日本経済の遅れを生み出している」という思考から、「日本経済、日本の労働市場は現に健全である」という思考にシフトしたのである。ではその場合、学校教育や公的な労働政策の役目はどこに求められることになるだろうか？　ひとつの可能性としては、少なくとも経済政策上は「無用の長物」扱いされ、場合によっては存在意義そのものを否定されて縮小を促されるか、あるいは役に立つ方向への転換を要求される、というものだろう。そして今ひとつは、実際には学校教育も、公的職業訓練を含めた労働政策も、その本来の意図とは違った形で日本経済、日本の労働市場の良好なパフォーマンスに貢献していたのだ、という理解だ。

苅谷の議論もまたそのような系譜に連なるものとしても解釈できる。ともあれ八〇年代以降、日本の労働経済学は具体的な論点ごとにその両極に引き裂かれつつも、全体としては後者の観点へとその重心を移していく。

大企業セクターにおける封鎖的な内部労働市場（いやそもそもそれは「市場」なのか？　そこに起きているのは「労働市場の内部化」であって、内部化された組織はもはや市場とはいえないのではないか？）と、中小零細セクターにおける、労働移動が激しい、外部市場依存の労働経済の、学歴序列に対応した二重構造の指摘は六〇年代の早期になされていたが、それが経済的に効率的である（そして場合によっては、大企業セクターにおける管理職への昇進に対して、中小セクターにおいては独立開業というキャリアパスがあることによって、公平性にも悖ることはない）、という議論が支配的になったのは七〇年代末から八〇年代にかけてである。[52]このような二重構造が効率的であるなら、学歴格差構造もまた、労働市場における人材配分機構として経済効率的ではあることになる。そして普通科優位の中等教育も、技術革新を続けて内部において人材を流動させ、たえず従業員に技能教育を施し続ける大企業に適合的な人材を準備する仕組みとしては、特定の技能習得に重心を置く職業科優位のそれよりも合理的なのだ、という議論が形成されていく。

そしてこのような八〇年代以降の労働政策を巡る新たな理論的展開を前にして、少なくとも初期の脱学校論的なポストモダン左派の議論は、批判理論としては無力だったと言える。すなわち、イリイチの議論を素朴に受け止めて、近代的学校教育は人間の自律性を奪う、といったところで、このような内部労働市場論にとっては「学校教育はそれゆえに合理的である」で話は終わってしまう。それをも批判しようとするなら、労働市場、学校教育のみならず近代社会総体の体制批判にまで議論を拡大しなければ話は終わらないし、その負荷が森の学問を挫折させたことを思い出そう。(53)

しかしもちろん、こうした批判理論の無力は、その批判対象たる日本の労働経済と学校教育の側に問題がなかったことを意味しない。むしろそうした支配的な体制が深刻な問題を露呈したときに、批判理論が適切な代替ヴィジョンを提起できずに、結果的にネオリベラリズムに加担してしまったことにこそ重要な問題がある。上述のごとき展開、いわば職業能力開発、人材育成の「民営化」戦略は、日本経済における完全雇用、労働市場における売り手市場基調が続く限りにおいては、それほど深刻な副作用を生み出しはしなかっただろう。規律訓練とケアが「民営化」されていこうとも、その分を「自己責任」でフォローする余裕が民間に——企業と労働者双方のうちにある間は。労働市場における「規制緩和」の流れは一九八〇年代の日本にも呵責なく訪れるが、当時は欧米諸国に比べて格段に安定した雇用環境——とりわけ若年失業・不安定就労がほとんど問題となっていなかった——を享受していた日本においては、そのような「規制緩和」の労働政策における日本的な成果としての「労働者派遣法」（一九八六年施行）による間接雇用や請負的な就労形態の促進にせよ、企業の労務コストの負担の軽減よりも、むしろ雇用の柔軟化によるより積極的な事業展開を支援するという前向きのものとして捉えられ、雇用される労働者にとっても一方的に不利益になるものではない、と想定されていたのである。[54]しかしながら日本では間の悪いことに、九〇年代以降の長期不況がこうした余裕を削り取り、潜在していた問題を顕在化させていってしまう。つまり大まかな方向性として言えば、職業能力開発の主体が――つまりはその責任が公共セクターから民間へと移動していく中、民間においてかつてはまさにその主役たることを暗黙裡に自認し、いまやその責務をおおっぴらに課されつつあった雇用主としての企業が、徐々にその余力を失い、人材育成への投資能力も、従業員への生活保障の能力も低下させていって、急激にその責任が被雇用者たる普通の労働者、つまり一般従業員、更にそもそも特定の企業の正規従業員になれない非正規やフリーランスの不安定就業者の肩の上にシフトしていったのである。「日本的雇用慣行」は完全に解体はしないものの、「標準」としての説得力を失いつつある。[55]

結局もちろん高度な産業社会においては、普通の労働者が自力で先端的な技能習得をできるわけではなく、何らかの形での教育訓練サービスへのニーズが高まらざるを得ない。そうなったとき期待される受け皿として何が考えられるだろうか？　ひとつには当然、公共職業能力開発サービスであるが、二〇世紀末以降の日本において目立ったのは、公共施設としての職業訓練校（職業能力開発センター）だけではなく、民間の営利企業としての各種学校などにおける技能訓練への公的支援（授業料の補助等）である。そして当然のことながら狭義の学校教育、つまり高等学校、専門・専修学校、大学・大学院における職業教育へのニーズも高まっている（二〇一七年には「専門職大学・大学院」という新たなカテゴリーも登場していることは記憶に新しい)。八〇年代における企業内教育への期待を前提とし、それを下支えするような公共政策だけでは今や不十分だ、という理解は十分に浸透しているが、その空隙を埋めるのはもはや古典的な行政サービスに限定されないようになっている。言うまでもなくこれは職業紹介事業においても同様である。

能力開発サービスの主たる供給者が、勤務先、雇用主から、サービスの売り手である官民の職業教育機関に移ることによって、何が変わるのだろうか？　重要なことは、従来は長期的に安定した雇用機会を提供し、その組織内でのキャリアを提供する企業は、従業員にとってはある種の生活共同体、社会的な帰属先としての側面も有していたということである。更にそのような企業に新卒者として就職する前の人々は、学生、生徒として学校というやはり共同体的な性質を濃厚に持つ組織に長期間帰属する。有用な知識／技能の習得であれ、あるいは従順な身体への躾け／調教であれ、人々は教育訓練を共同体の一員として受ける、というあり方が前提されていた。しかし日本における、単なる「規制緩和」「民営化」を超えた雇用の不安定化、長期雇用がもはや標準ではなくなった労働経済社会の到来のもとでは、企業が共同体的秩序の担い手としての機能を弱めていく中で、職業訓練もまた共同体的な秩序から引き剥がされていく、ということである。専門の職業教育機関において供給されるサービスは、より選択的であり個人的であり、期間も短く、共同体的秩序を併せて供給する力は弱い。

そのような状況の中でただ単に脱学校論を提起するとはどのようなことか？　結局のところそ

れは単純な脱ホワイトカラー、脱正規従業員、脱「社畜」、「手に職を」という議論に引き寄せられていかざるをえない。仮に企業中心社会を離れて、公共サービスや専門企業による職業訓練・能力開発に頼った職業人としての自立を生き方のモデルとして提供する、というヴィジョンを提起しても、そこには長期雇用が同時に提供していた、共同体的な帰属先の提供という機能を、企業の代わりに何が提供すればよいのか、というヴィジョンが欠けている。

思えばかつての脱学校論のリアリティは、学歴競争から降り、内部労働市場を発達させた企業の提供する安定雇用なしでも、その外側——パート・アルバイトなどの不安定就労、あるいは自営業、小規模農業等の、ほとんどインフォーマル・セクターと言ってよい領域——において十分に豊かで、そして当然より自由で自律的な生き方ができる余裕が経済社会全体にあるような状況に支えられていた。しかしそのような状況は不変で自明なものではなかったし、批判理論は近代社会のフォーマルなテクノクラシーの抱える問題を指摘できても、それに対する現実的なオルタナティヴ——近代社会のメインストリームの外側の、インフォーマルな自律経済を振興するための実用的な処方箋を提供できるようなものではなかったのである。[56]

こうした動向に対して、あえて学校を軸にした新たな形での教育と労働における公共性の回復を志向する論者の一人が、苅谷の後輩にも当たる本田由紀であった。自身も「失われた二〇年」の当事者として若年者の就職問題、学校教育と労働市場の接続を研究キャリアの出発点[57]とした彼女は、戦後日本における職業能力開発における企業中心主義を批判し、その主役の座を企業サイドから労働者個人のサイドへと移動することを求め、そのための具体的な方策としては、ビジネス主体としての企業から独立した、公的な学校教育（高校・各種学校・大学での職業教育のみならず、公共職業訓練も含む）の職業能力開発における役割の拡充を主張してきた。教育社会学者として、主流派の規範的教育学の「教育の固有の価値」などという理想から距離を取り、マクロ的に見たときには、学校教育は労働市場機構の一環でしかないことを強く意識しながらも、にもかかわらず、いやだからこそか、企業ではなく学校こそを労働市場をコントロールする主役たらしめようという彼女の論陣はいかにも悲壮である。全人的完成を理想とする主流派教育学の姿勢は、人々に競争を強い、型にはめ込む能力主義、メリトクラシーへの抵抗になるどころか、逆に狭義の職業的技能や学力を超えた、多様な環境への柔軟な適応力、他人とのコミュニケーション能力や心身のタフネス、ストレス耐性を求めるハイパー・メリトクラシーへと迎合するだけではないか[58]、と疑う彼女は、知識経済化する高度資本主義社会への積極的適応のためにではなく、むしろ特定の具体的職能の確保によって競争の荒波や雇用主による恣意的支配から身を守る、つまり企業人よりも専門的職業人を目指す戦略をむしろ好み、しかもそうした職業能力開発の拠点を、企業内労働市場に支配されないためにも、職場、生産点の外側の学校（職業訓練校を含むとしても）の方にむしろ求めようとする。つまり彼女は逆説的にも、主流派教育学的な、全人的完成を目指す、あるいは大学における学問探究をその究極的目標に据える普通教育中心主義的な教育の理想を捨てることによってこそ、実業の場から離れた「スコレー」としての学校の価値を称揚しようとしているかのごとくである[59]。しかし当然ながら、あたかもロックの「労働学校」への回帰とも見紛うそうしたトリッキーな立場は、苅谷の場合と同様に、彼女の言説にも悲劇の影を落とさずにはいない。つまりは彼女の言説もまた、学習を通じた柔軟な適応を重視する苅谷[60]とはやや異なり、職業人としての自立を促すものではあれ、結局はやはり「平等な能力主義的競争」へと人々を駆り立てるところに行き着かざるを得ないのだ[61]。

このような本田の議論はおそらくは苅谷らの議論のいわば微温性や反動性への批判を含意していると思われる。苅谷らの議論は結局のところ、ある意味での学校教育無能論を含意した脱学校論を否定して、人的資本論的発想を受け入れ、学歴格差は現実に職業能力格差や雇用機会格差を生み出すのであり、そうした不公平を減らすためには学校教育をやめたり供給を減らしたりするのではなく、その一層の拡充を通じての供給の公平化を目指さねばならない、という一見したところ凡庸な正論に行き着く。しかしそれは結局のところ現状維持にほかならず、「ハイパー・メリトクラシー」を正面から容認することにほかならない。本田の問題意識はそのようなところにあるのだろう。

とは言え本田は、イリイチ的な脱学校論、ポストモダン左派へと回帰しているわけではもちろんない。非常によじれた論理の果てに本田が差し出す異形のオルタナティヴは、それでもやはり「学校」なのだ。そして本田が批判する苅谷にしても、森が突き詰めたような、イリイチ的、ポストモダン左派的な学校教育批判、近代社会批判を全面否定するわけでもない。人的資本論が描くようなプラスの効果とともに、イリイチが指摘するような自律性の毀損や無能化もそこには起こっているのだろうし、官僚制組織ならではの、あるいは閉鎖的共同体にありがちな抑圧や暴力もまた存在するであろうことを苅谷らは否定するわけではない。おそらくそこで苅谷は、ひとつにはプラスとマイナス、利害得失を比較衡量した上で、学校における官僚制的抑圧、更に学歴競争のプレッシャーといったマイナスを考慮しても、学校教育における人的投資のプラスの効果を重視し、学校教育の公的規制を緩和することによる解放的効果のプラスは、さらには労働市場、さらには市民社会全体での格差の拡大と公共性の毀損というマイナスによって打ち消されて余りある、と判断している。更におそらく苅谷が重視しているのは、人々の共同体的帰属先の確保である。かつての日本企業の長期雇用は、企業組織にそのような共同体性を与えたとされる。そうした共同体性はしかし、短期的には日本経済全体での雇用情勢の悪化によって、そして長期的には産業構造自体の変容によって掘り崩されている、と思われる。そのようなトレンドがこれからもしばらく続いたとして、学校教育もまたそれに適応してより柔軟になり、共同体的性質を薄れさせるべきなのか？　苅谷はそのあたりにつき慎重な、懐疑的な判断に立ち、日本企業が共同体的性格を失っていくのであればなおのこと、公教育、学校の擬似共同体的機能をむしろ保持する方に賭けているのではないだろうか。

c　着地点？

このように見たとき、森の切り開いた地平から計量分析を含めた実証研究を行いつつ、より実践的な政策提言に乗り出していった苅谷や本田、そしてここではその仕事に触れることができなかったが、教育社会学者であるにもかかわらず、二〇一六年には日本教育学会の会長にまで押し上げられてしまった（そして社会学者として以上に教育学者として振る舞わざるを得なくなった）広田照幸は、期せずしてかつて佐々木が予言した場所にたどり着いてしまったと言える。[62]

森、苅谷、広田、本田を育てた東京大学教育学部の教育社会学研究室は、一面では主流派の教育学——学部の組織上は東大の場合、教育史・教育哲学研究室が中心ということになろうが、主として制度や理念を論じる規範的教育学——に距離を取る実証的な教育研究を、学校現場よりも学校と学校外の社会との関連を焦点として行う、という伝統のもとにあり、教育学部にありつつ半ば教育学の外部に軸足を置く存在だったと言えよう。[63] 森はその中にありつつもポストモダニズムの洗礼を受けて抽象的、思弁的な理論を強く志向し、そこから実証にとどまらぬ規範理論へのシフトを試みていた。森自身の仕事はネガティヴな規範理論としての批判理論にとどまり、積極的な制度構想を提示するまでには至らなかったが、実は同世代の規範的教育学者の間でも、学校中心主義的な従来の教育学の枠を破り、政治哲学や法哲学の枠組みを参照しつつ、学校教育と外部社会の関係を射程に入れた議論を展開することが普通になってきていた。[64] 苅谷、広田、本田らはそうした動向を踏まえた上で、実証研究を通じて、evidence-based な教育政策論の種を日本に播いていったと言える。このように教育学の学問的な展開は、全体としては健全な方向に進んでいると私は考えるが、それは森が投げかけた影の下で、苅谷や本田が噛み締めているであろう苦味を含めてのことである。

単純に言えばかつての、戦後初期の教育学が、正統派マルクス主義とリベラリズムの、教育性善説に立脚した人間解放論に立っていたとすれば[65]、大学闘争前後から兆したポストモダン教育学（そのなかでは批判的教育社会学のウェイトが大きかった）は、教育を含めた近代性そのものの暴力性を批判した。しかしながらこのポストモダン教育学のもとで育った新世代の研究者たちの少なからずは結局、学校教育を否定せず、それを善用しようという穏健な左派、あるいはリベラリズムに回帰せざるを得なかったのである――ポストモダニズムが指摘した、近代の、そしてとりわけ学校教育の抑圧性、暴力性の避けがたさを認めた上で。それは佐々木のいう「手練手管」、「顕教」と「密教」の危うい使い分けにコミットすることにほかならないが、ただしそのカバーすべき問題圏は佐々木のいう職業教育にとどまらず、遥かに広く、また複雑である。佐々木の職業教育論では「顕教」は人的投資、生産性の向上に資する華々しい職業能力開発であり、「密教」は生存権を保障するための授産であったが、普通教育においても、「顕教」としての人間性の全面発達、自由な開花を目指す営みとしての学校教育と、「密教」としての、人を型に嵌め、躾け、洗脳して社会の秩序を維持する営みとしての学校教育、という二面性は逃れがたいものであることへの認識が、ポストモダンを経た現代においては浸透しつつある。

しかもそれだけではない。ポストモダニズムそれ自体が陳腐化した時代においては、この「顕教」と「密教」との関係自体が反転を繰り返さずにはいない、ということを我々は肝に銘じておかねばならないだろう。すなわち、学校教育が抑圧機構としての一面をも持つことはもはや秘密でも何でもなく、公然の事実である。そしてこの抑圧性は教育の対象たる人々を監護する、すなわちケアする機能と不可分である。そうである以上、上の構図とは反対に、学校教育（や職業訓練）の、抑圧と保護が相伴った社会政策的側面の方が「顕教」となる局面にも、我々は出会わざるをえない。その場合は逆に、自由で自律的な主体を育てるという、教育の解放的な側面の方こそが「密教」として語られることにさえなりかねないだろう。(66)

5　おわりに

――さて、ここで話は終わり、なのか？　近代が抑圧と欺瞞を抱えていることを承知の上で、それでもなお、一時のポストモダニストのように近代の外に出ようなどとは思わず、そこに踏みとどまることが、ポストモダンにふさわしい所作なのだ、とあきらめることで？　ある意味では然り、しかしある意味ではおそらく否だ。

たとえば、近代を拒んでイリイチがどこに行こうとしていたのか、はあまり明確ではない。『ジェンダー』(67)あたりから用いられ始めた「土着 vernacular」なる言葉遣いにあからさまな懐古趣味、保守反動性を感じ反発する向きも多かった。[68] だがおそらく重要なことは、もともとイリイチはカトリックの司祭であり、生涯カトリックであったこと、彼の根っこには彼なりのキリスト教信仰があった、ということである。チャールズ・テイラーはそこに注意を喚起する。[69] 最晩年のインタビューでのイリイチに、キリスト教が呼び出してしまった怪物、キリスト教の堕落として、彼が批判した近代——学校、病院、官僚制支配等、人々が自分の頭で考え、自律して生きていくことをさせず、制度、組織に依存させていく仕組みを捉える視角を彼は見出す。敵を愛し、異邦人を歓待し、だれも差別せずに奉仕するという福音、その具体化としての教会が、福音が促すことを個別具体的な出会い、愛の実践から、普遍化されたルールとなし、教会をそのルールを執行する組織へと変質させて、福音を堕落させていく、というその視角はたしかに一種の疎外論ではあろうが、かといってその疎外を批判して立ち返られるべき原点、福音は、いうまでもなく単なる保守反動でも伝統回帰でもない。

あるいはポストモダニズムの源流たる戦後フランス思想の原点として名指される、アレクサンドル・コジェーヴによるヘーゲル『精神現象学』講義のことを想起しよう。[70] そこでコジェーヴはどこまで本気かわからないが道草のような時論で、日本について触れている。[71] 無神論的ヘーゲル解釈者としてコジェーヴは、ヘーゲルの神の代わりに「歴史の終わり」を置き、そこでは、疎外の危険をあえて冒して未来に投企する存在たる人間が、自己の欲望を充足し、疎外を克服することによって「動物」になる、とする。疎外され、違和を抱えるからこそ未来に賭ける存在たる人間が、そうした違和をなくして自然と一体化してしまえばそれは他の動物と変わらない、と。この「歴史の終わり」は合理的に読もうとすれば、歴史の中での人間の存在に意味を与えるための超越論的要請、という以上のものではなくなるはずだが、講義本体ではなく注釈という形でコジェーヴは、すでに現代の大衆消費社会となったアメリカにこの「歴史の終わり」は実現しており、かつ、社会主義ソ連を含めた世界中がそこに向けて進んでいる、と言ってしまっている。

これは冷戦下での平和共存のもとで、西側資本主義と東側社会主義とが等しく高度消費社会へと収斂していくという産業社会論的ヴィジョンにほかならず、珍しいものでもないし、今となってはリアリティを欠く。しかしここで注目したいのは、多分に錯覚と思い込みによるものではあろうが、コジェーヴが日本に「歴史の終わり」のその先を見ているということだ。それが錯誤かどうかはここではどうでもいい（実際、事実認識としては錯誤であると思われるが）。コジェーヴは日本にいわば純粋に無意味で空虚な形式の戯れ、遊びの世界を見出している。動物が自然本性に従って定められたとおりに生き、近代までの人間が疎外のリスクとともに自由に生きながらも実は神、あるいは「歴史の終わり」という究極の目標に向かっているのに対して、単に動物的な安逸に惰眠をむさぼるのではなく、活動的で創造的な、しかし何の目的もなく無意味で空虚でその分本当に（？）自由な生が日本には見いだされる、それはアメリカニズムの「歴史の終わり」とは別のものだ、と言わんばかりである。

日本の社会と文化のリアルな認識としてこれが適切かどうかはさておいても、ここでコジェーヴが言おうとしたこと、考えていたことにはなにがしかの意味があるかもしれない。ヘーゲルを労働と闘争の哲学として読んだコジェーヴがその向こう側に見出したのは我々に言わせれば「遊び」であった。[72] なにもその「遊び」を素晴らしいと礼賛しているわけではないし、かといっておぞましいものとして目を背け、拒絶しているわけではない。礼賛はしていないまでも、少なくともそのイメージに彼は魅入られているようだ。だがそれはほんの欄外に道草のように書き残されただけで、全く不十分なものである。その含意を突き詰めようにも、実のところ我々は「遊び」についてこれまであまりにもまじめに考えてこなかったので、手札が足りない。[73]

だが、たとえばイリイチやコジェーヴのこのような発言に目をとめるなら、あるいは近代国家や経済の権力作用に鋭い目を向けていたフーコーが、晩年に古典古代や初期キリスト教に回帰したときに何を考えていたのかに想像をめぐらすなら、ポストモダニズムにおける近代批判にどのようなポテンシャルが残っているのか、なお考えるべきことがありそうではある。「近代の外に出ることをあきらめ、学校や労働市場が強いる抑圧を必要悪とあきらめろ」というお説教だけでは（ここまでの論述がそのように取られても仕方がないが）、人は生きる意味を見出せまい。もちろん、近代を批判するための足場として、近代の外側に「希望」を設定していたということであれば、その外側の虚妄性を指摘してしまえば「希望」もまた虚妄と化す。マルクス主義はそうして凋落した。ではイリイチもまたそのような虚妄としての「希望」の語り手にすぎなかったのか？彼の「土着」はそのようにも見えるが、福音の話には大いに含みがある。それは既に終わってしまった原始教会時代の話、失われた美しい過去の話にすぎないのか、いま現在でもあちこちで反復されているであろう（ハンナ・アーレント風に言えば）「はじまり」についての話なのか？　あるいはコジェーヴが日本に見出した「遊び」だか「スノビズム」だかについても、そんなものは「歴史の終わり」の向こう側にしかない不可思議なものではなく、近代社会のただなかを含めて、そこら中にあるのではないか？　例えば、そもそも彼があれほど力を込めて論じた「承認をめぐる闘争」そのものが、実は「遊び」でもありうるのではないか？[74]　既に教育をめぐる「顕教」と「密教」の絶えざる相互反転の可能性に触れてしまった以上は、我々は少なくともそこまでは——たとえばスノビズムと「遊び」をヒントに、「抑圧」と「解放」のたえざる相互反転の可能性について——考えておかねばならないだろう。

註

（1）浅田のジャーナリスティックなデビューは「大学院生の発言　千の否のあと大学の可能性を問う」（『中央公論』一九八一年五月号、浅田『構造と力』所収）、単著『構造と力』（勁草書房）の公刊は一九八三年。

（2）『思想』六七六号。

（3）『社会学評論』第三一巻第一号。

（4）「フレンチセオリー」受容の世界的な動向については、例えば厚東洋輔『〈社会的なもの〉の歴史——社会学の興亡　1848–2000——』東京大学出版会、二〇二〇年、「第12章　社会学の〈記号論的転換〉」。

(5)先駆的には山下恒男『反発達論』現代書館、一九七七年。
(6)イリイチ『脱学校の社会』の邦訳は一九七七年（東京創元社）、フレイレ『被抑圧者の教育学』の邦訳は一九七九年（亜紀書房）。
(7)山本哲士『学校・医療・交通の神話』新評論、一九七九年。
(8)森重雄「教育社会学小史」『東京大学教育学部紀要』第二八巻（一九八八年）、八二-八三頁。
(9)森「マルクス「主義」教育社会学・批判」『東京大学教育学部紀要』第二四巻（一九八四年）、四〇頁。
(10)同上、四一頁。
(11)同上。
(12)森「モダニティとしての教育」『東京大学教育学部紀要』第二七巻（一九八七年）、一〇九頁。
(13)同上。
(14)森「教育言説の環境設定」『教育社会学研究』第五四集、一九九四年、同「近代・人間・教育」田中智志編『教育の解読』世織書房、一九九九年、同「教育の〈エートル〉と社会構造のモダニティ」『教育学研究』第六六巻第一号、一九九九年、同「〈人間〉の環境設定」『社会学評論』第五〇巻第三号、一九九九年。
(15)この問題につき拙著『社会学入門』ＮＨＫ出版、二〇〇九年。また「社会的なるもの」を社会学が自明視することの問題性については市野川容孝『社会』岩波書店、二〇〇六年を参照のこと。厚東の浩瀚な学説史テキストが『〈社会的なもの〉の歴史』を標榜したのもこの問題意識を承けてのことであろう。
(16)後述の本田由紀の学位論文でも参照されているが、代表的には石戸教嗣『ルーマンの教育システム論』恒星社厚生閣、二〇〇八年。
(17)たとえばいわゆる「ケンブリッジ・グループ」の歴史人口学の研究成果を見よ。ピーター・ラスレット

『ヨーロッパの伝統的家族と世帯』リブロポート、一九九二年、他。
(18)この点については拙著『政治の理論』中央公論新社、二〇一七年を参照のこと。
(19)森「教育の〈エートル〉と社会構造のモダニティ」、注(3)。
(20)寺崎弘昭「本誌(第六六巻第一号)上での森重雄氏の注記について」『教育学研究』第六六巻第三号(一九九九年)。
(21)佐々木輝雄の存在については、金子良事(阪南大学)の教示を受けた。ブログ記事「大学と職業との接続検討分科会 その3:職業訓練と一般教育」(「社会政策・労働問題研究の歴史分析、メモ帳」二〇一〇年一月一六日(土))[http://ryojikaneko.blog78.fc2.com/blog-entry-97.html 二〇二三年五月二六日閲覧]。
(22)佐々木輝雄職業教育論集編集委員会編『佐々木輝雄職業教育論集 第一巻 技術教育の成立——イギリスを中心に——』『第二巻 学校の職業教育——中等教育を中心に——』、『第三巻 職業訓練の課題——成立と意義——』多摩出版、一九八七年。
(23)佐々木輝雄「職業訓練の歴史と課題」『佐々木輝雄職業教育論集 第三巻 職業訓練の課題』多摩出版、一九八七年、三三五―三三七頁。
(24)同上、三三七―三三八頁。
(25)同上、三四〇頁。
(26)同上、三四一頁。
(27)同上。
(28)同上、三四二頁。
(29)同上、三四三―三四四頁。

(30)大蔵省印刷局、一九六三年。
(31)佐々木「職業訓練の歴史と課題」、三四六頁。
(32)同上、三五一-三五三頁。
(33)同上、三五四-三五五頁。
(34)マーチン・トロワ『高学歴社会の大学――エリートからマスへ――』天野郁夫、喜多村和之訳、東京大学出版会、一九七六年。
(35)佐々木「職業訓練の歴史と課題」三六二頁。
(36)ミシェル・フーコー『監獄の誕生』田村俶訳、新潮社、一九七七年。
(37)ミシェル・フーコー『性の歴史Ⅰ　知への意志』渡辺守章訳、新潮社、一九八六年。
(38)ミシェル・フーコー『言葉と物』渡辺一民、佐々木明訳、新潮社、一九七四年。
(39)たとえばアンソニー・ギデンズ『モダニティと自己アイデンティティ』ハーベスト社、二〇〇五年。
(40)このあたりについては拙著『社会倫理学講義』有斐閣、二〇二一年をも参照のこと。
(41)「ネオリベラリズム（新自由主義）」なる概念の使用には本来慎重にあたるべきだがここでは詳論しない。詳しくは拙著『「新自由主義」の妖怪』（亜紀書房、二〇一八年）を参照。
(42)セオドア・W・シュルツ『教育の経済価値』清水義弘訳、日本経済新聞社、一九八一年、ゲイリー・ベッカー『人的資本』佐野陽子訳、東洋経済新報社、一九七六年、他。
(43)サミュエル・ボウルズ、ハーバート・ギンタス『アメリカ資本主義と学校教育』全二巻、宇沢弘文訳、岩波書店、一九八六-一九八七年。
(44)ピエール・ブルデュー、ジャン＝クロード・パスロン『再生産』藤原書店、一九九一年、他。
(45)もともと正統派マルクス主義（マルクス＝レーニン主義）においては、資本主義の下でも、科学技術の発展によって労働者の知識・技能水準（特に労働者階級の「本隊」、中核部分をなす大企業セクターの正規労働者の場合）はおおむね上昇しており、学校教育もそれに貢献している、という、むしろ人的資本論に近い進歩主義的な臆見が支配的だったが、西洋マルクス主義においては疎外論の影響もあってそのような発想に対する懐疑が浮上し、マルクス主義の内外で、特に大企業の流れ作業・オートメーション化した生産現場における労働疎外について、思弁的考察も実証的研究も進められた。シモーヌ・ヴェイユ『工場日記』（田辺保訳、ちくま学芸文庫、二〇一四年）はいわばその先駆けであったと言えるかもしれない。特にマルクス主義陣営においてこの方向性への舵を切ったのは現場労働者上がりのアメリカの在野研究者ハリー・ブレイヴァマン『労働と独占資本』（富沢賢治訳、岩波書店、一九七八年）である。日本で類似の位置にあったのがやはり現場の技術者としてのキャリアを持つ中岡哲郎『工場の哲学』（平凡社、一九七一年）以降の一連の業績である。

正統派マルクス主義は、資本主義のもとでも生産力の発展とともにその能力は発展しているはずだ、という思い込みと、にもかかわらず資本主義下の労働者が革命に立ち上がらない、という事実とに引き裂かれており、この見かけの矛盾を解決するには資本主義下の労働者が無権利状態のもと弾圧されている、と解釈するのが便利だった。それに対して西側の現実と真面目に向かい合おうとした西洋マルクス主義においては、労働者が必ずしも力ずくで弾圧されてではなく、合意のもとに体制に統合されているのはなぜか、が解かれるべき課題であり、イデオロギー的洗脳と併せて、熟練の解体による労働現場での無力化と、豊かな消費生活とが、その理由として挙げられた。このような西洋マルクス主義の発想は、ポストモダニズムやブルデュー、ボウルズ＆ギンタスにも影響を与えている。

(46)以上について簡単には稲葉振一郎『不平等との闘い』文藝春秋、二〇一六年。

(47)代表的には苅谷『階層化日本と教育危機』有信堂高文社、二〇〇一年。

(48)この間のマクロ的動向については、ことに臨調・臨教審以降、労働者派遣法の制定をはじめ二〇世紀末～二一世紀初頭の日本の労働政策全般に絶大な影響を与えた高梨昌のオーラルヒストリー『証言 雇用・能力開発の政策形成――１９７０・８０年代の歴史から学ぶ』エイデル研究所、二〇一〇年、が参考になる。

(49)佐口和郎「「雇用問題」の転換」栗田健編著『現代日本の労使関係』労働科学研究所出版部、一九九二年。

(50)アカデミックなベンチマークとしては、日米の実態調査を踏まえた小池和男『職場の労働組合と参加』東洋経済新報社、一九七七年。歴史研究としては「原型」としての戦間期までを描いた兵藤釗『日本における労資関係の展開』東京大学出版会、一九七一年。小池、兵藤は高梨と東京大学経済学部の同門であり、高梨以前における戦後日本労働政策の最大の立役者であり、学術的にも戦後復興期から高度成長期の労働問題研究をリードした第一人者氏原正治郎の薫陶を受けている。高梨は信州大学経済学部に奉職しながら、東京大学社会科学研究所の氏原の調査ラボの「番頭」を自任していた（高梨昌「私の労働問題研究45年の歩み」『信州大学経済学部論集』第三〇号、一九九三年）。小池はその後京都大学経済研究所で同僚となった青木昌彦との共同研究などによって、国際学界における日本経済研究ブームの立役者となる。

公共政策のレベルでの明確な受容のベンチマークとしては、通商産業省産業政策局編『日本的雇用慣行のゆくえ――労働力移動の実態調査』産業能率大学出版部、一九八一年、労働大臣官房政策調査部編『日本的雇用慣行の変化と展望（研究・報告編）』『同（調査編）』大蔵省印刷局、一九八七年。両報告書の中心人物としては社会学者の稲上毅、川喜多喬、佐藤博樹、ゼンセン同盟専従から後に連合会長代行となった逢見直人が挙げられる。

(51)東京大学出版会、一九九一年。またこれ以降も苅谷は新規学卒者労働市場の研究に注力している。苅谷・石田浩・菅山真次編『学校・職安と労働市場――戦後新規学卒市場の制度化過程』東京大学出版会、二〇〇〇年。同様に『日本のメリトクラシー 構造と心性』（東京大学出版会、一九九五年）で、ホワイトカラーを含めての学歴競争と企業内出世競争、新卒者労働市場と企業内労働市場を一貫したパースペクティヴのもとで論じた竹内洋も京都大学系の教育社会学者であり、当時の労働問題プロパーの研究者が軽視してきた、新卒者労働市場研究を活性化させたのが教育社会学者であったことは興味深い。

(52)たとえば小池和男『日本の熟練』有斐閣、一九八一年。

(53)ややうがったものの見方をすれば、以下のようにも言える。すなわち、対応理論や再生産理論の説く如く、学校がすでにある社会の階層構造を解体したり流動化させたりするより、むしろ維持し再生産するという理解にもいくつかのバリエーションがある。ひとつはシグナリング／スクリーニング理論的に、学校は人々を選別するだけで、特に付加価値は生まない、それゆえに高等教育の恩恵（多分に象徴的なもの）は支配階層にしか及ばない、という考え方であり、今ひとつは人的資本論的に、学校教育は投資として付加価値を生むが、まさにその費用が階層構造を温存する、というものだ。イリイチの影響が色濃かったポストモダン左派の脱学校論においては、どちらかというと前者の、シグナリング／スクリーニング理論的理解がとられ、それゆえにこそ学校教育無用化論が支持されていた。なぜだろうか？

人的資本論的理解をとるならば、脱学校論には学校における躾け／調教の暴力性を廃すると同時に、格差の再生産機能をも廃するというメリットがある一方、人間の発達という付加価値の生産装置を廃するというデメリットがあり、両者を比較衡量して、後者が前者を下回る場合にのみ、脱学校政策が支持されうることになるだろう。ポストモダン以前の伝統的なマルクス主義においては躾け／調教の暴力性は看過されていたからこそ、後者が前者を凌駕することに疑問は抱かれず、学校教育の公共化による平等化で特に問題はなくなる、と想定されていたわけである。ただそれは実際的には、学校教育という資源の平等な分配、場合によっては不足している教育資源の更なる調達を必要とする。つまり手間ひまがかかる。

そう考えると脱学校論において暗黙裡にシグナリング／スクリーニング理論が支持されていたのは、脱学校という改革には特に新たな労力を伴わず、既存の仕組みを解体するだけで済む、という「安上がり」の利点があるように見えるという理由もあったのではないか。

(54)たとえば稲上毅『転換期の労働世界』有信堂高文社、一九八九年。

(55)「新自由主義（ネオリベラリズム）」という言葉の解像度の低さは、こうした問題について考えるときにも露呈するであろう。「小さな政府」「規制緩和」といった切り口だけでは、民間企業に雇用の維持や職業訓練の責任を転嫁しつつも、公的な費用負担は行う局面と、企業にそうした体力がなくなっていく中で、直接に労働者をターゲットとする度合いが高くなっていく局面とを識別できない。

(56)現時点での日本の労働経済・社会の全体像を計量的に描き出した神林龍『正規の世界・非正規の世界』慶應義塾大学出版会、二〇一七年、は、二〇世紀末以降の日本の正規雇用者の絶対数は微減したのみである一方、非正規労働者の増加と自営業者の減少が目立っている、と指摘する。一九八〇年代においてはOECD諸国中群を抜いて高かった（一九八一年時点で二七・五％）自営業比率が一貫して低下し続け、二〇二二年現在は一一％台となっている。OECD諸国でも二〇世紀末以降は下げ止まり・反転を見ている国も珍しくない中、この一貫した低下傾向は国際的に見てやや異例である。

(57)学位論文をもとにしたデビュー作が本田由紀『若者と仕事――「学校経由の就職」を超えて』東京大学出版会、二〇〇五年。

(58)本田由紀『多元化する「能力」と日本社会　ハイパー・メリトクラシー化のなかで』NTT出版、二〇〇五年。

(59)特に本田由紀『学校の職業的意義——若者、学校、社会をつなぐ』筑摩書房、二〇〇九年。

(60)苅谷剛彦『教育と階層』朝日新聞社、二〇〇八年。

(61)『多元化する「能力」と日本社会』への大佛次郎論壇賞選考委員のコメントとして、橘木俊詔は「これまでは学力、つまりメリトクラシーの下で人の能力が判断されてきたが、これからはコミュニケーション能力など勉強以外の能力が重要になると主張し、説得力がある。このためには母親の役割の見直しが必要と述べるが、三歳児神話や母性の尊さを否定してきたフェミニストの反応が知りたいものである。」と書いている(朝日新聞二〇〇六年一二月一三日朝刊)。あたかも本田自身がハイパー・メリトクラシーへの適応への自助努力を奨励しているかのごとくである。橘木もまた、格差社会批判の論客として活躍していたにもかかわらず。

(62)現時点での広田の到達点を示す『学校はなぜ退屈でなぜ大切なのか』筑摩書房、二〇二三年、は題名からして「語るに落ちる」としか言いようがない。

(63)前出の経済審議会報告の人的能力部会には、東大教育社会学における天野、潮木らの世代の師に当たる清水義弘(一九一七-二〇〇七年)が参加していた。清水はシュルツらの教育経済学の日本への紹介者の第一世代でもある。また竹内洋『革新幻想の戦後史』中央公論新社、二〇一一年、「Ⅲ章　進歩的教育学者たち」をも参照。

(64)たとえばロールズ以降の政治哲学を踏まえた、教育行政学者黒崎勲の『現代日本の教育と能力主義』岩波書店、一九九五年、教育哲学者宮寺晃夫の『リベラリズムの教育哲学』勁草書房、二〇〇〇年、等。

(65)この点についても簡単には竹内前掲書を参照のこと。

(66)本稿ではアカデミックな教育学/社会科学関連の文献にしか触れることができなかったが、現場の教師の実践におけるポストモダン状況との対決として、「プロ教師の会」の活動が挙げられる。現在では会としての活動はほぼ停止しているようだが、主導的な論客だった諏訪哲二はなお存命であり、少なくとも二〇二〇年までは著作活動を継続している。学校教育における強権的秩序、いわゆる「管理教育」の不可避性を強調するその立場は本稿の文脈においても興味深いが、その本格的検討を行う余裕はない。ただ一点だけ指摘しておくならば、彼らの言説を単なる権威主義、強権主義とみなすことはおそらく適切ではなく、彼らの議論はマルクス主義とリベラリズムを含めた古い進歩主義と、森重雄的なポストモダン左派の存在を前提とした上で、それらへのアイロニカルな対抗言説、つまり抑圧を通じて自由と自律を育む試みの提示、としてなされたと解釈されるべきだろう。ただ佐々木のいう「手練手管」の観点を踏まえるならば、彼らは進歩主義やポストモダン左派の「顕教」「建前」の欺瞞を突いて学校教育、ひいては日本の市民社会における（必要とあらば強権を用いてでもなされるべき）秩序の確立の必要という「密教」「本音」を提示するに終わっており、逆に後者が教育における「顕教」となってしまった（実際彼らの活動が注目を浴びたとはそういうことだろう）ときに、それが単なる強権に終わらないための、自由と自律のための管理教育という「密教」をどう確保するか、にまでは射程が及んでいなかったといえる。

(67)I・イリイチ『ジェンダー』玉野井芳郎訳、岩波書店、一九八四年。
(68)萩原弘子『解放への迷路―イヴァン・イリッチとはなにものか』インパクト出版会、一九八八年。
(69)チャールズ・テイラー『世俗の時代』下巻、千葉眞監訳、名古屋大学出版会、二〇二〇年、「第二〇章 回心」2。I・イリイチ（デイヴィッド・ケイリー編）『生きる希望：イバン・イリイチの遺言』臼井隆一郎訳、二〇〇六年。なおイリイチはこのインタビューにおいて自らのポストモダニズムへの影響、時代状況と問題関心の共有を認めるが、自分自身はポストモダニズムから距離をとる、と明言する。

(70)アレクサンドル・コジェーヴ『ヘーゲル読解入門』上妻精、今野雅方訳、国文社、一九八七年。
(71)同前、第七章原注(6)。
(72)よく知られているようにコジェーヴ自身はこれを「スノビズム」と呼び「遊び」とは呼ばない。同じ注の中でコジェーヴは遊びと芸術を並べてむしろ「歴史の終わり」において動物化した人々のやること、というほどの意味合いで論じており、彼が日本において見出した茶道や能楽や華道、あるいは切腹のことを「遊び」とも「芸術」とも呼んでいない。だがそのような論じ方はむしろ何かを回避するための所作(たとえば動物の遊びさえコジェーヴが考えるほどには決まりきったものではないとしたら? というたことを深く考えないための)と思われる。なおコジェーヴのスノビズムについての解釈としては東浩紀『動物化するポストモダン』講談社、二〇〇一年、も示唆的である。
(73)私見では、散発的な文化論的考察や、個々の具体的なジャンルについての歴史研究などを除けば、子どもの遊びからボードゲーム、スポーツにまで至る、そして労働を含む日常生活の実務における「遊び心」「余裕」まで含めた、遊び(的なるもの)全般の構造と機能についての、厳密でシステマティックな哲学的・実証科学的研究自体、ビデオゲーム研究がきっかけとなってようやく二一世紀になって緒に就いたに過ぎない。cf. ミゲル・シカール『プレイ・マターズ 遊び心の哲学』松永伸司訳、フィルムアート社、二〇一九年。
(74)果たしてこの「スノビズム」がコジェーヴにとって希望だったのかどうかは怪しいところだが、少なくとも人間は労働し闘争するだけの存在ではないということを、ここでコジェーヴ自身が認めざるを得なくなっているのではないか。

*本稿は二〇一一年にSYNODOS JOURNAL(メールマガジン、後にウェブサイト)に公表した「斜

めから見る「日本のポストモダン教育学」」［https://synodos.jp/opinion/education/7410/］の増補改訂版である。参照されている文献はいくつかの拙著を除けば初出時とほとんど変わっておらず、本来であれば初出である十数年前の時点で既に書き上げられていなければならなかったはずの文章である。そのとき何が足りなかったのかと言えば、おそらくは情報でも理解でもなく、いくつかのことを言い切る勇気だったと言わねばなるまい。

おわりに――市民社会論の復権に向けて

1 「効率性のバランスシート」以後

第2部においては、脱学校論のようなポストモダン左派の批判的教育学が挫折し、それにインスパイアされた世代も穏健なリベラリズムに帰っていく様を見てきたが、第1部において主題化した労働問題研究においても、事情は似通っていた。

一九八〇年代は「ジャパンアズナンバーワン」の時代であり、それを日本の労働問題研究において体現したのが小池和男だった。小池は兵藤、中西の先輩、ほぼ同世代の研究者であり、宇野段階論を最もストレートに日本の労働経済の解明ツールとして活用し、企業特殊的労働市場の独占段階照応説、とでもいうべきものを確立した。(1) つまり日本的雇用慣行の特徴、三種の神器といわれた「終身雇用、年功賃金、企業別組合」は独占資本主義段階の労働市場に相応しい組み合わせであり、同様の傾向――正規従業員の長期勤続、内部昇進を通じての賃金上昇、ブルーカラーとホワイトカラーのキャリア構造の接近、職場単位・事業所単位・企業単位での労使関係機構の発達（産業別組合においてもローカル組織のウェイトが高くなる）——は多かれ少なかれ先進諸国に共通に見られるものだ、と小池は早くから主張した（「知的熟練論」「ホワイトカラー化組合モデル」）。そしてそのような考え自体は、他の多くの労働研究者にも共有されていた。ただ小池の場合そこからもう少し踏み込み、日本の労使関係の効率性、先進性までをも主張することになった。そのような小池の主張に対して、事実認識のレベルでの当否とは別に、そのような主張は例えば日経連が提唱した「能力主義管理」と共鳴するもので反労働者的、反労働組合的ではないか、との批判を左派的な立場から兵藤や中西、あるいは熊沢らがなすようになったことは理解しやすい構図である。そしてそのとき彼らは事実上、ポストモダン的な問題意識に近づいていたといってもよいだろう。そして彼らの弟子にあたる世代においては、そのような問題意識に基づく研究がよりはっきりと行われるようになった。栗田健編著『現代日本の労使関係——効率性のバランスシート』[2]はそのベンチマークであり、小池らと同世代の栗田を除けば一九五〇年の前後五年の間に生まれた研究者たち（井上、野村、上井、森、東條、佐口を含む）が結集している。同書への寄稿を基に大沢真理が翌年に刊行した『企業中心社会を超えて』[3]は明確にフェミニストの視点から日本の雇用・労働経済を見通した画期的著作である。

ただ同書の「効率性のバランスシート」なる副題にあらわされているような対立構図はバブル崩壊以降、時代によってその足場ごと押し流されていった。効率的な経営の影の部分、その抑圧を批判する批判的労働研究の立場はもちろんのこと、小池のような日本的雇用礼賛論さえも、一気にリアリティを失っていく。かつての小池は日本の雇用慣行の先進性と効率性について語り、それゆえに現に日本の企業、職場はこんなにうまくいっている、と言えたのだが、バブル崩壊以降は、本来長期的に見て効率的なはずの雇用慣行を、日本企業は短期的な苦境にさらされ、目先の利害に惑わされ、短期的利益志向の金融界からの圧力もあって掘り崩しつつあるがそれはおかしい、と慨嘆するようになった(4)。しかしそれは、とりあえず目先を切り抜けて生き延びなければならない経営者たちにとっては、単なるお説教に過ぎまい。もちろんだからと言って「やはり日本企業はダメだ」などと批判的左翼の研究者が笑っていられるわけではない。現に労働者が、かつての好況期よりはるかに苦しんでいるのである。失業・不安定就業に悩まされるよりは、多少抑圧的であっても安定的な雇用があった方が多くの場合はましである。だから批判の舌鋒も緩まざるを得ない。たとえば、元々は石油ショック化の長期不況期に、雇用確保のための苦肉の策で生み出されながら、その後好況期においては新規事業創出、多角化のための攻めの人事戦略として活用された、広域配転を超えた他社への出向・転籍に対しては、一方からは「長期の終身雇用」との礼賛が、他方からは「終身雇用の掘り崩し・労働者の切り捨て」との批判がなされて互いに衝突していたのだが、バブル期以降の労働研究者は、むろん多少のニュアンスの違いはあれ、批判派も、日本的雇用慣行の礼賛論者もともに、「雇用の安定を守れ」と言わざるを得なくなってしまったのである。

とは言え、やや超越的に身も蓋もない言い方をするならば、日本経済の停滞はマクロ的な要因によるものであって、ミクロレベルでの企業の経営戦略や雇用慣行、あるいは労働組合の振る舞いや労働者個々人の行動に対して、その責めを帰しうるようなものではない。日本企業が愚かだったから、あるいは日本の労働者がだらしなかった、あるいは逆に頑張りすぎたから、長期不況に陥ったわけではない。そしてまた逆にその克服に際しても、ミクロレベルでの企業や労働組合、そして労働者個人にできることは特にない。できることは耐え忍ぶこと、その苦痛を少しでも軽減するセーフティーネットを張ること、以上ではない。長期的には、技術、生産力の観点ではミクロ的な企業努力や労働者の資質が重要ではあるが、短期的な景気に対しては、あまりそれは関係がない——とまではいわなくとも、わかりやすく法則的かつ即効的な影響は与えない。もちろん理論的には、国民経済規模で労使がそれぞれ団結して、マクロ的な物価水準を左右するようになれば話は別だが、この段階に至るとそれは民間経済主体の勝手な行動ではなく、中央銀行や財政当局と同様のマクロ経済政策主体になってしまう(5)。

そして同じことは研究者についてもいえる。労働研究者が労働研究によって、この問題に貢献できることはあまりない。労働市場の効率性を上げても、摩擦的失業は減らせるが、ケインズ的な意味での不況、需要不足による失業には役に立たない(6)。

ここで少し深入りして超長期的な展望を提示するならば、このようなことになろうか。

日本経済の長期的な停滞のわかりやすい主因は、二〇世紀末のバブル経済の後始末のための緊縮的なマクロ経済政策のオーバーシュートであり、第二次安倍政権下での黒田東彦日本銀行総裁による異次元緩和で多少とも好転した。長期不況下で見られた生産性や技術革新の停滞は、どちらかというと不況の結果ではあっても原因ではない。それゆえ現場の企業家や労働者に直接責めを負わせうるものではない。ただ長期にわたる停滞がある種の学習効果として、投資に対する消極性や、賃上げに対する消極性を生んでしまっており、長期的に見ればこれが日本経済の足を引っ張り続けることになる可能性は高い。

ただこのような状況が日本に固有の特殊な事情だったのかどうかは、近年議論がかまびすしくなってきた。長期にわたる停滞の中、日本ではデフレ、物価の停滞からともすれば低落傾向が観察され、そこから低金利が続いている。ところがこの低金利状況が世界的に見られつつある。トマ・ピケティが「成長率が利子率を上回った二〇世紀の高度成長は世界史的異例であり、利子率は成長率を上回るのが通例」と指摘した(7)ことに一見反する現象である。見てみるならばリスク資産である株式に対する収益率は成長率を上回っているが、安全資産である債券の利子率、銀行の預金金利は確実に下がっており、成長率を下回っているのだ。ここで投資家の立場に立って考えるならば、資産を現金や債券で持つのをやめ、どんどん株式に投入し、その結果債券の価格が下がって、投資家を引き付けるために金利が上がる――となりそうだが、必ずしもそうはなっていない。金利が低いにもかかわらず投資家は債券や現金を持ち続けて、株式と使い分けて適当なバランスをとっている、ということになるがこれが何を意味するか？　について論戦が行われている。[8]

単純に考えれば、元本割れや喪失の危険がある株式の収益率と、安全資産である債券や預金の利子率の差は「リスク・プレミアム」と呼ばれているが、この差が大きくなって縮まらないということは、投資家の安全志向が高まり、リスクをとって新事業に乗り出す（ことを支援する）ことに及び腰になっている、ということを意味しているように思われるが、それではなぜそうした弱気が世界的に広がっているのか？　大きな要因として指摘されるのは少子高齢化であり、これは世界中で確実に進行している傾向である。その具体的な効果にはもちろん不確実なところは多いが、生産年齢人口の比率を下げていくであろうことは容易に予想できる。ただこれがマクロ的にはどのような効果を生むのか？　についてはわかりにくい。一方で、将来に対する不安が安全資産への選好を高め、リスク資産への投資を抑え、それがまわりまわって成長率を低下させるのではないか、などとも考えられる一方で、長期的に見れば高齢化の結果貯蓄の取り崩しが進み、それによる需要が誘発されるだろうとの予想も成り立つ。[9]

いまひとつ指摘されるのは地球環境問題、気候危機であるが、こちらの方はより不確実性をはらむ——温暖化自体は着実に進行しているが、それが人間社会にどのような影響を具体的にもたらすのか、がよくわかっていないので、単純に「環境汚染に対処する技術に投資すれば儲かる」「気候危機のための保険を組むと安心」といった風にはならない。[10]　たとえば、炭酸ガス排出を抑制するために経済活動を規制することで、我々は経済成長の低下、あるいはマイナス成長というコストを投じて、温暖化の抑制、温暖化によって生じていたであろう損害の予防的削減という成果を得る。しかしその収支、費用対効果は、温暖化を放置して、それへの事後的対応（被害者救済）の財源を持続する成長の成果に求める、というやり方と比べたとき、果たしてどちらが良好なのか、は必ずしも明らかではない。

このような状況で賃金労働者の立場から何が言えるだろうか、またそもそも何ができるだろうか？　よく指摘されていることはやはり、成長率（とリスク資産の収益率）が国債を含む債券の利子率を上回っているならば、借金をしてでも適切な分散投資をすれば儲かるのであり、それは国についても同様である。となればたとえ現状において財政赤字が累積していたとしても、このような局面にはむしろ国債を発行して（具体的な内容においては適度なバランスが必要ではあるが）積極的な財政支出を行い、公的インフラの更新や次世代育成（可能であれば少子高齢化への歯止め）に努めるべきだ、という、ある種ケインズ的な、近年社会環境関連投資（いわゆるＥＳＧ投資）との関連でグリーン・ニューディールと呼ばれるような政策を求めるべきだ、という理屈がすぐに思い浮かぶ。

しかし再び身も蓋もない言い方をすれば、労働者自身の集団的自助としての労働運動にはもちろん、労働問題研究者に対してもそこまで考えてコミットしろとは我々は言えない。同様に「次世代育成が大事だ」とは言っても教育・福祉運動家や研究者に対してもである。いかにもひどい言い方になるが、たしかに現場の生産や消費の当事者は、労働者であり消費者である生身の人間だが、資本主義の、少なくとも短期的な動向を決めるのは、やはり資本家なのである。もちろん特に豊かな社会においては、賃金労働者もまた資本家ではありうるが、一人ひとりでは吹けば飛ぶような存在だ。たしかに長期的に言えば労働者、消費生活者としての生身の人間の心と体のありようが、資本主義に何ができて何ができないかを決めていくとは言え、短期的なレベルでどのような技術が生まれ、どのような産業が勃興し、景気がどうなるか、は主として資本家たち、投資家たちと企業家たちによって決まる。もちろんケインズが指摘した通り投資家と企業家を「資本家」と一括することはときには全く不適切ではあるが、それを言えば投資家の場合にも、地主、「資金利生活者と株主とでは行動原理が異なるはずだ、とも言えてしまうので、細かいことは無視しよう。経済のマクロ的な動向がどうなるか、を決めるのは結局のところ、不確実な未来に賭ける資本家の動向である。もちろん「だから資本家に任せておくしかない」というわけではない。単なる労働者や消費者が直接にできることによっては、資本主義経済の短期的動向を動かすことはできず、（政治を経由するにせよしないにせよ）資本家にはたらきかけて資本家を動かすことを通じてやるしかない、ということだ。

逆に言えば一介の労働者や消費者には、そこまで大きな責任はない。資本家的経営の暴虐から労働者を守ろうとするにせよ、あるいは管理教育のストレスから子供を守ろうとするにせよ、別にその全面的なオルタナティヴを提示する（そこまでいけば社会全体に責任を持たねばならなくなる）必要はなく、部分的な改良や、単なる緊急避難としての現状維持を求めることに終わるので構わないのである。それだけのことでも普通の人々には大きな負担であるから、社会運動なりなんなりによる支援は必要であるとしても。つとに熊沢誠が言ってきたように、単なる抵抗、サボタージュで構わないのである。ただし二一世紀になるまで十分に理解されていなかったことは、こうした抵抗、サボタージュは、本来的に保守的なものであるのだから、当然に右翼的、反動的、排外的なものにもなりうるということだ。(11)

2 資本主義と格差

ここで資本主義の下での格差のメカニズムについて簡単におさらいしよう。

格差、不平等についての「近代」的理論はまずはマルクス的に、資本主義経済の中での資本による労働の搾取という形で立てられたが、これは実際には相当厄介な代物であった。マルクスが厳密な意味で用いようとした「搾取 Ausbeutung, exploitation」という言葉自体が相当に難物で、これはあくまで市場における自由で対等な取引としての労働の取引の結果生じるもの、マルクス的に言えば等価交換の結果、にもかかわらず生じる不平等、であった。つまりそれは有無を言わさぬ強制的な略奪、収奪とは違うし、欺瞞に基づく詐取でもないのである。

このパズルを解決するためにマルクスは「労働力商品」という概念を編み出し、労働の搾取を、労働力が生み出す価値（労働の成果）と、労働力を再生産するのに必要な価値（労働者の生計費）

との差に見出したが、二〇世紀の経済学が見出したように、このような差は黒字を出して再生産し成長し続ける（赤字を累積させて自滅に向かわない）経済においては、労働力についてだけではなくありとあらゆる財について言えるので、この「労働力の搾取に格差の源泉を見出す」論法はうまくいかない。

むしろこのように考えるべきである。資本家は得られた利潤をすべて消費してしまうのではなく、投資に回して、資本設備を拡張する、つまり儲けるための元手を増やすことができるので、うまくいけばどんどん富んでいくことができるが、労働者はその賃金をすべて消費してしまう――そうしなければ生存できない。あるいは余剰部分は、子どもを作る、という形で成されてしまって、家システムのレベルでみれば成長が可能だとしても、個人ベースでみれば生活水準の向上の余地はない。かくして資本家はますます富み栄えるのに対して、労働者の生活水準はぎりぎりのレベルに押しとどめられる、と。

実はこのようなメカニズムは既にアダム・スミスの『国富論』に活写されていたが、マルクスはスミスとは異なり、これをはっきりと不正なものとして批判した。更に「労働力」の概念によって、自由な取引によって奴隷的な使役が可能となる、逆説的な仕組みも明らかとした。

ただこのような関係性は、実はマルクス自身も理解していたように、資本主義市場経済の大枠の中でも、絶対的とは言えない。生産力が上がれば、あるいは雇主＝資本家と労働者との取引における力関係が変われば、ある程度変化しうる。マルクスは生産力の向上と労働者による圧力が、賃金を上げ、あるいは労働時間を短縮し、労働者の生活水準をギリギリの生存水準より上げて余裕を持たせる可能性を認めていた。ただしその余裕が、労働者による自主的な教育訓練投資、のちの言葉でいう人的投資に向けられる可能性については、ほとんど考慮していなかった。

つまり理論家としてのマルクスは、資本主義に対して非常にアンビバレントな立場をとり、微妙なバランスをとっていたのだ。搾取は形式的には対等で自由な契約（雇用という形式を精査すれば、実はそう簡単ではないことは既にみてきたが）を通じて行われるのであり、力ずくの略奪でも詐欺でもない。「資本家が悪いことをしている」という陰謀論的思考をマルクスは拒絶した。もちろん資本家は現存の資本主義的秩序の下での既得権益者であるから、資本主義を打倒しようとすれば抵抗する、そして一九世紀的政治体制の下では労働者には参政権がないから、その抵抗を排するには暴力革命しかない、となる。だから労働者は資本家と戦わねばならない。しかしそれは悪い奴をやっつけることではない。悪があるとしたら体制そのものの方にあって、資本家はその中で割り当てられた役を演じているのだ。

以上を踏まえて改めていうと、マルクスが問題とした、自由な市場経済における資本主義における格差の発生の原因は、市場に参加する際に人々がそこに投入できる元手、資本のあるなしの格差である。資本があれば儲けを更なる資本の増強に回してますます富んでいけるが、そうではない人はその日暮らしを続けるしかない。マルクスが見出したメカニズムを、今日的な経済学の言い回しに翻訳すればこうなる。もう少し付け加えると、持てる者と持たざる者との間にこのような断層、いわば階級格差があるだけではなく、持てる者の間にも、多く持つ者はそれだけますます富み、少なくしか持たない者はそれなりでしかない、という量的格差もある。むろん現実の市場には不確実性があり、逆転の可能性はあるが、大勢としてはこの量的格差は市場の競争は維持されるのであり、平準化はされない。このメカニズムはマルクスが軽視した人的資本にも当てはまる。人的資本の主要な部分は知識、技能であり、それらの中には定式化、マニュアル化できるものとそうではないものがある。前者は「知的所有権」として人的資本から切り離され、（物的）資本の側に繰り入れられることが可能である。後者の方には、訓練によって取得可能なものとそうではないものとがある。訓練によって取得可能な暗黙知、身体的スキルは、その訓練費用を投資と解釈することができるゆえに、資本としての性質を持つ、つまりその有無、あるいは程度の差は経済的な格差となる。

非常に単純に言えば、オーソドックスなマルクス主義の「近代から現代へ」観においては、上記のような純粋に市場的な要因によって格差が説明できたのは主として「近代」の局面であり、「現代」においてはここに政治的要因が絡んできてより複雑となる、とされた。独占企業の市場支配力は、競争価格より高い独占価格での取引を可能とし、その分の独占利潤の搾取を可能とする一方で、労働組合が十分に強力になれば、労働者の側でも労働市場において独占的な交渉力を発揮し、賃金を吊り上げることができる。ここに更に国家が介入してくれば、話はさらに複雑になる――という風に。いわゆるクズネッツ仮説、「経済成長の初期局面においては格差は拡大するが、後期においては縮小する」という議論は、このような歴史観の下では、「現代」の国家独占資本主義、福祉国家の下での労資対等化の効果である、ということになる。それに対していわゆる「新自由主義」の台頭以降の格差の拡大は、労働組合の弱体化にその主因が求められることになる。

言い換えると「近代」における格差は、労働者が資本家に奪われることによって起きたというよりは、労働者が資本をもともと持たないことによって起きたのに対して、「現代」における格差の縮小は、労働者が資本家に対して政治的な力で再分配を要求する、つまり資本家から奪うことによって生じた、となる。そして再度の格差の拡大は、資本家が逆襲してまた奪い返したことによって起きた、と。そうするとこのあたりで、先ほどの善悪論を持ち出せば、微妙な話になりかねない。すなわち、「現代」の資本家は独占資本家であり、悪意をもってズルしているのだ、という議論が出てきかねない。そして「新自由主義」とはこのズルそのもの、そしてズルを糊塗するキャンペーンなのだ、という陰謀論に導くのだ。

ただこの二〇世紀末以降の格差の再拡大については別の考え方もある。第一にこの時代のいわゆるグローバリゼーションの展開により、主として製造業の生産拠点の先進国から途上国＝新興国への大幅な移転が、先進諸国の労働者と新興諸国の労働者の間に競争を引き起こし、グローバルに見ればむしろ格差縮小だが、先進諸国ローカルに見れば、製造業労働者の賃金低下、それによる格差の拡大を生んだのではないか、と論じられる。第二に情報通信革命の展開により、ＩＴ

スキルを備えた労働者とそうではない層との間に格差が生じる。この格差は学歴格差とも対応している。実際先進諸国において、急激に学歴が高度化し、大卒者が増えたにもかかわらず、大卒者と非大卒者の賃金格差は縮まらず、むしろ拡大し、それがさらに学歴上昇への刺激を与える、という循環が二〇世紀末から二一世紀、インターネットの普及と、オフィス・店舗等あらゆる職場のIT化によって進行した、とされる。この時代においては資本家と労働者の格差より、労働者の間での格差の方が進展した、とまで言われた。この解釈によれば二〇世紀末から二一世紀にかけての格差の再拡大は、福祉国家的再分配の後退のせいというより、むしろ市場経済の自然な展開の帰結だ、ということになる。ただしこれに対してトマ・ピケティらの研究が「上半分と下半分、あるいは上位一割と下位九割を比較すればそうかもしれないが、上位一パーセントと残り九九パーセント、あるいはそれ以上の上澄みとほとんどの大衆を見れば、やはり持てる者と持たざる者、大規模資産保有者と労働者との格差の方が圧倒的である」という主張を突き付けてきた(12)ことは記憶に新しいし、AI以前のIT化とは異なり、AIの進展が労働者の暗黙知、つまりかつての人的資本をどんどんマニュアル化、知的財産化、つまりは資本化していって、この格差を更に拡大する可能性は否定できない。

以上のように、広い意味でのマルクス的展望、つまり「資本主義の下で富める者はますます富み、貧しい者は(絶対的にではなく相対的にだが)貧しくなる」という理解はおおむね妥当だと思われるが、この議論は経済学的に言えばどちらかというとミクロなものである。経済学的な意味での「ミクロ」とはローカル、局所的という意味ではない。ミクロ経済学的視点から経済全体をシステマティックに(日常語的な意味でマクロに)とらえることはできるし、ここまでの議論はそのようなものである。だが我々はここで、固有に経済学的な意味での「マクロ」的な視点も少しだけ紹介したい。これは大まかに言えばケインズ的な視点であり、またケインズ政策批判としてのマネタリズムの視点でもある。具体的にはたとえば、あれこれ個別のものの価格ではない「物価」によってみえてくるものがマクロ経済である。

考えてみよう。いきなり純粋に「物価」だけが倍になる、つまりすべてのものの価格が同時に二倍になったところで、別にいいこともなければ、困ることもないように思われる。買いたいものの値段が二倍になっても、こちらの収入もまた二倍になっているはずだからだ。しかし本当にそうだろうか? 財布の中の現金、あるいは銀行の預金の方はどうだろうか? こちらは変わっていないはずである。もちろん振り込まれるだろう給料も、クレジットカードの引き落としも、それぞれ倍にはなってくれるだろう。しかしそれまでにため込んでいた当座の預金自体は変わらないはずだ。とすると物価が倍になることによって、当座の、手持ち現金と預金の購買力はいきなり半分になってしまう。これは困るだろう。しかし困ることばかりでもない。ここでローンを組んでいた、つまりまとまった借金を背負っていたとしよう。こちらの方も預金同様、額面は変わらないはずなので、物価が倍になれば、その購買力、実質価値は同じように半減する。このように「物価」、その裏返しである一定の貨幣の購買力、これがマクロ経済現象である。この水準に着目することによって我々は、「資本主義の下で富める者はますます富み、貧しい者は（絶対的にではなく相対的にだが）貧しくなる」という広い意味でマルクス的な展望が妥当だとしても、それは必ずしも「資本家と労働者の格差が激しくなる」という風に割り切れるものでもないことを示す。

社会主義計画経済を「不足経済」と特徴づけたコルナイ・ヤーノシュは晩年、それに対して資本主義的市場経済を「余剰経済」と特徴づけようとしたが、十分な理論的定式化をすることはできなかった。主流派、新古典派の経済学者たちの立場からすれば、計画経済が「不足」、恒常的な供給不足、需要過剰の状態になるとのコルナイの主張は納得のいくものであったが、それに対して自由な市場経済が成り立っている資本主義の特徴は、需要と供給の均衡であって、コルナイのいうような「余剰」、供給能力の過剰、慢性的な需要不足である、との議論は受け入れにくいものであった。もちろんこうしたコルナイの主張をケインズ的な有効需要不足についての議論と結びつけることは可能であるように思われたが、きちんとした定式化はコルナイ自身によっても与えられなかった(13)。

ごく乱暴に言えば、経済全体の生産力、供給能力にたいして、有効需要、購買力が足りないということは、より具体的に見ていけば生産設備の過剰、更には労働力、生産人口の過剰ということになる。なぜこのようなことが起きるのか？　ケインズはさておいてコルナイに注目すると、コルナイは資本主義の社会主義に対する決定的な優位を市場における価格メカニズムの需給調整能力以上に、市場がそこで競争する企業に技術革新への動機を与える、というところに求めている。しかしこの技術革新とは、成功すると一時的にその成功者に市場競争からの脱出、独占的地位の享受を可能にするものでもある。逆説的にも、資本主義における企業を競争に駆り立てるのは、競争から抜け出して独占的地位を享受したい、という誘惑なのである。そうやって得た独占的地位は、企業に市場支配力を与えて、価格を吊り上げ、独占利潤を買い手から搾取することを可能にするが、他方で本来の競争的水準から吊り上がった価格は、買い手の購買意欲を削ぎ、需要を減らす効果がある。こうした議論はいわゆる「独占的競争理論」的な解釈だといえよう。これ以外にもコルナイは、新古典派における、労働市場においては情報の不完全性（労働者の質や動機の見えにくさ）のため、実質賃金が高めに維持されて、その分労働供給が過剰になりがちである、という効率賃金仮説に賛意を表している。ただこのようにコルナイを解釈すると、それはケインズ的な議論と矛盾するわけではないが、実体経済、経済の実物的なレベルにおける市場メカニズムのミクロ的な調整不全の問題にとどまっており、ケインズ以降のマクロ経済学において問題となる、そうした市場メカニズムにおける調整がうまくいくための前提としての、経済のマネタリーな側面についての議論は足りない。

そのうえで大雑把な展望を提示すると、コルナイの議論が正しいとすれば、資本主義市場経済のいわば「自然」な状態は、需給の均衡であるよりは、実物レベルでの需要不足である。この需要不足状況に対して、貨幣供給もまた不足気味であれば、物価は停滞する、デフレ基調となる。

これに対して資本主義を「自然」ではなくとも「健全」な状況に持っていこうとするならば、貨幣供給を増やし、ややインフレ気味に持っていくべきだ、ということになる。すなわち、物価を上げることによって実質価格・賃金を切り下げ、市場を均衡へと持っていく、という風に。

ここで不況、失業の効果をあえて度外視して、純粋にインフレ・デフレのみの効果について考えてみるならば、先に見たところから明らかなように、大雑把に言ってインフレは債務者、金を借りている方にとって得で、債権者、金を貸している方に損であり、デフレの場合には逆だ、ということになる。市場で自由に流通する債券ならともかく、住宅ローンにせよ奨学金にせよ普通の、貸し手と借り手が固定されている借金、あるいは銀行預金などの通常の債権においては、その額面は、貸し手と借り手との間の合意なしに自動的に変化したりはしない。つまりインフレになれば自動的にその価値は実質的に減価し、逆にデフレになれば上がる。ということはインフレになれば借り手、債務者は返済負担が減り、貸し手、債権者の資産価値は減る。デフレならば逆に、債務者の負担は増え、債権者の資産価値は（額面が一定であるのに対して物価が下がるので）実質的に上がる。

では具体的にこの債権者・債務者とはどのような存在だろうか？　大雑把に言えば資金を借り入れて事業を拡大しようという企業、事業家は債務者である。住宅ローンや学資ローンを組む一般家庭も債務者だろう。これに対して不動産所有者は債権者の方であるし、大金持ちの場合はもちろん、少額の年金生活者まで含めた、金融資産家もまた債権者だ。では、金融資産も債務も持たない無産労働者の場合はどうだろうか？　倒産リスクの少ない企業に、正規従業員として安定した職を得ている場合には、どちらかといえば資産家に近いポジションにいることになる。それに対して求職中の失業者、不安定就業者、新規学卒者の場合は、直接的にはどちらとも言い難い。ただ多くの場合求職者の就職チャンスはマクロ的には景気に、ミクロ的に言えば企業、事業家たちの成長意欲に左右されるので、債務者よりということになる。以上をまとめると、インフレのときには事業家と求職者、そしてローン返済に追われる中間層が、デフレのときには金利生活者と安定雇用のもとにある労働者が得をする傾向にある、と言えるだろう。

これはなかなか厄介な構図である。それこそ古典的なマルクス主義の考えたように、資本家階級と労働者階級との間できれいな利害対立が起きる、などという風にはなっていない。あえて言えば、投資を行う資本家と、金利生活者としての地主の間には対立がある。しかしいわゆる資本家の中にも、金融資産からの利子・配当を受動的に享受するのみの金利生活者が混じっている。それ以上に厄介なのは労働者の間における利害の不一致である。大雑把に言えば安定雇用の下にある正規労働者と、不安定就業者、失業者との間には、インフレ志向かデフレ志向かをめぐって利害の対立、とは言わないまでも不一致がある。更にここに自営業層を入れると、対立はより鮮明となるだろう。零細事業者、フリーランサーも、自作農も借地小作農も、どちらかといえばインフレ志向となるはずである。もちろん安定雇用の下にある労働者であっても、住宅ローンや学資ローンの返済に追われている場合、あるいは自己投資を怠らず、転職・独立チャンスを狙っている場合には、自営業者と似通った志向になるだろう。

とはいえここで正規労働者の賃金を切り下げ、地位を不安定化させてその分不安定就業者、失業者との格差を縮め、後者の就職チャンスを増やすべきだ、とも言い難い。コルナイが言うように商品市場においても労働市場においても「過剰」が「自然」であるのならば、そのようなデフレ方向に導く形での均衡は目指されるべきではない。そもそもそこでは資本家は無傷である。それくらいなら、ややためにする言い方をすれば、正規労働者と不安定就業者、失業者の間の、そして労働者と零細自営業者との間の対立を先鋭化させないためにも、正規も非正規も含めて労働者が団結し、賃上げ圧力を経済に与える――そうやって経済をインフレ基調に保つことが望ましいことになる。ただそのような団結は、資本家と対決するためのものとも必ずしも言えない。純然たる金利生活者に対しては不利益を強いることになるかもしれないが、成長志向の企業家とはむしろ利害の方向が一致することになる。また逆に金利生活者の中には引退した年金生活者もおり、それは多くの労働者にとって明日の我が身でもある。

さて、資本主義のもとでの格差についてある程度詳しくみてきたので、ここで「近代」以前、市民社会と資本主義市場経済の展開が階層的な身分制秩序の統制によって抑え込まれ、持続的経済成長が起こらなかった時代の格差のメカニズムとはどのようなものか？　と考えてみよう。これについてアセモグル&ロビンソンが提示している簡略なモデル(14)はおおむね以下のようなものである。

ごく簡単に支配階級と被支配階級の二大階級からなる社会を考える（封建貴族と市民、農民あたりを念頭に置く）。前者は後者に対して課税して、強制的に収奪することができる。ただ支配者の収入源はこの租税だけではなく、自己の財産から得られる自家収入もある。

ここで支配階級の目的がただ単に租税収入の最大化にあるのならば、高すぎる税率は被支配者を疲弊させるので、ほどほどにとどめておくべきだ、ということになる。しかし支配者も自分の財産を用いた事業から独自の収益を上げており、かつまたそれが被支配者の事業と市場において競争しているような状況を考えると、支配階級には、被支配者に重税を課してその製品の価格も上げさせ（あるいはそれに直接課税してもよい）、自分たちの営業利益を被支配階級の犠牲のもと上げることができる。またそうやって被支配階級を疲弊させれば、反抗する気力もそぐことができる（やりすぎると破れかぶれの反逆に導きかねないが）。つまりこのような状況では、支配階級は被支配階級を絶対的に貧困化させる――そこまでいかなくとも、あまり富ませないようにすることから（単に相対的な優越感とか威信というのではない）絶対的な利益を得るのだ。

市民革命とはこのような構造の転換、つまり支配者が独自の財産を持った身分、階級ではなく、公共の業務に専心する「機関」となること、上記の例でいえば民間からの租税のみをその収入とし、かつ余剰を残させない（隠し資産を作らせない）ことになる。その場合支配者の利害は、独自の財産を持たない以上、租税収入のみとなり、租税収入の絶対額を増やすためにも被支配者民衆を過度に搾取せず、むしろその事業を支援して富ませることが合理的になる。革命によって旧支配者が打倒されるか、あるいはその危険を察した支配階級が妥協して自己抑制の仕組みを作り上げるか、によって近代国家とそのもとでの市民社会が形成される、というわけだが、そうした革命は実際には相当困難で成功率は低い。

このように考えると、「近代」以前には支配者と被支配者との間で、限られた資源を奪い合うゼロサム、ではなくとも、Aの利益はBの不利益、という構図が成り立っていたということになる。それに対して、ほかならぬマルクス自身も認めていたことは、「近代」の資本主義の到来、スミス的な自由市場経済によって、この構造が崩れたということ、格差、不平等は維持されたままでも、なおかつ最下層の民衆にも利益がいきわたるような体制が可能になった、ということである。しかしながらその構図が独占資本主義である「現代」においては崩れ、経済は再び政治化され、利益の奪い合いが再び発生する、となる。かつて一九八〇年代ころまでのマルクス主義においては、そうした紛争は、それに対する手当てとしてのケインズ政策を含めて、資本主義の行き詰まり、危機を示すものであり、社会主義への移行を要請するものと捉えられたが、現代においてその流れをくむ論者によれば、そうした危機に対応する反動がいわゆる「新自由主義」による福祉国家の否定、「小さな政府」への回帰、公企業の民営化と規制緩和、つまりは「市場原理主義」である、ということになる。

ただしもう少し仔細に見てみるならば、ことはそう簡単でもない。スミス的な構図は、実は

「生産問題と分配問題の分離」、つまり「初期において資産がどのように配分されていようと、自由な競争的市場が成り立っていればそれらは効率的に活用され、結果としての総生産は変わらない」という状況のもとにおいてのみ成り立つ(15)。これまでも教育や知識の例を散々出したが、インフラを含めて、社会の中で平等に配分されていた方が、ネットワーク的相乗効果によって、より生産性が高くなるような財も存在し、そのような財については市場に任せず、再分配したり政府が直接供給したりもありだ、ということになる。そのように考えると単純に「現代資本主義においては市場の規律が弱まって政治によって不純化された」というマルクス主義的な（そして実はいわゆる「新自由主義」の支持者の中にもありがちな）見方はしない方がよい。

かつては「近代」より前の身分制社会、あるいは「現代」においても途上国における貧困や格差と、「近代」「現代」におけるそれとは質的に異なったもの——前近代社会や途上国における貧困は、主として絶対的な生産力の低さによるもので、「近代」「現代」の豊かな先進国における格差や貧困は、誤った分配のせい、あるいは搾取や収奪のせい、と考えられていた。しかし今やそうした発想は徐々に転換しつつある。権力が私物化されている身分制社会や権威主義国家における貧困や不平等は、たしかに競争的市場が生み出したものというよりは権力によって生み出され、維持されているだろう。しかしそのような構造は必ずしも支配者の邪悪さや民衆の無知によって支えられているわけではなく、それを支えるそれなりに合理的な構造が——そこに生きる人々が、やむにやまれずそうするしかないという理由が存在しているし、他方で市場経済が浸透すれば、当たり前のようにまた別種の不平等がいたるところではびこるものなのだ。

3 「市民社会」の復権

そのうえで改めて整理しよう。まずは事実認識の枠組みとしての「長い一九世紀」にあたる「近代」、「短い二〇世紀」の「現代」、それとの関係において二一世紀の現在、という対比の構造について。続いて価値判断のレベルにおいて、市民社会の理念を守り、それを愚直に実現しようとする近代主義、それに欺瞞を見出してその先に行こうとするマルクス主義と、ポストモダニズムについて。

「近代」「現代」そして「ポスト現代」たる現在をつなぐ図式を、古き良きマルクス経済学の段階論を上っ面だけ維持したままででっちあげることはもちろん簡単だ。「現代」、労資対等によって維持されるケインズ主義的福祉国家の時代、それに対峙した「現存する（した）社会主義[16]」の時代は終わり、いまや「新自由主義」の時代なのだ、と。段階を識別するベンチマークとしては、主導的な産業、技術構造と、それに影響される（が完全にそれによって決定されるのでもない？）国家の社会経済政策だということだとすれば、「新自由主義段階」において前者はつまるところ情報通信産業であり、後者はまさに「規制緩和」「小さな政府」の「新自由主義」だ、ということになる。

もちろんこんな枠組みは、科学的社会認識のためには有用とは思えないので、『「新自由主義」の妖怪』で散々批判しておいた。改めて一言だけ言えば、マクロレベルにおいて財政政策には冷たく、貨幣政策においても裁量的政策を批判してルール的運用を理想とするミルトン・フリードマンは、それでも貨幣供給を適切にコントロールするための管理通貨制、その前提としての国際通貨体制における変動相場制を要求する。これはケインズにおいても、機動的な貨幣政策のために当然必要とされるものである。このような立場とハイエク的な、貨幣政策を一切放棄した貨幣民営化制度とは、まったく相いれない。イデオロギー的にどれほど似通っていても、これほど異なる政策構想をまとめて同じひとつの箱に入れるような言葉遣いは雑駁すぎる。その箱をもなお「新自由主義」と呼ぶのであれば、それはもはや政策でも理念でもなく、単なる気分に対してつけられた名前でしかない。

もう少し前向きな話をすれば、こうしたイデオロギーや気分を共有しつつも、最新の経済学やゲーム理論の成果を駆使して、徹底した市場メカニズムの活用によって新しい社会を切り開こう、という論者もいる。フリードマンらに近く、やはり広い意味での新自由主義者と目される、シカゴ学派の法律家であり、新古典派経済学の発想で法制度を分析する「法と経済学」の開拓者として知られるリチャード・A・ポズナーの息子エリック・ポズナーは、ノーベル賞を受賞したウィリアム・ヴィックリーのオークション理論など、いわゆるマーケット・デザイン理論の最新の成果を援用して、公共事業の運営において可能な限りあらゆることを市場メカニズムで解決していくという構想に取り組んでいるが、それはフリードマンらの構想を引き継ぐ半面で、その実現のためには逆説的にも、あらゆる財産権に対する非常に強力な公的統制——土地や資本、それどころか個人の才能に至るまで、ほとんどの資産に対して私的所有権を認めず、その利用権だけを認めて、市場での自由な取引を促すこと、そのために税制を活用した強力な統制と誘導を行うこと——を含んでいる。ポズナーによれば土地や人的資本は、公平に配分されていないことはもとより、そもそも良い立地や希少資源の鉱脈や天才の才能は他に替えがきかないために、普通の財と違って、所有者に独占的な交渉力を与えてしまい、市場を歪めてしまう。極端に言えば所有権は自由に使い、売る権利であるのだから、使わない、売らない権利でもある。だから土地所有者は地上げによって独占利潤を上げられるし、才能ある芸術家も同様である。つまり自由な市場が効率的な資源配分を達成するためには、それらは邪魔なのである。こうした資源の活用を促進するための非常に強力で広範な課税システム（たとえば才能ある個人に対して、その実際の所得よりも能力の資産価値に課税することによって、怠けることを回避させようとする——これを回避しようと能力の資産価値を低く見積もると、その労働の対価も切り下げられてしまう）を含むそれは、当然のことながらリバタリアンの私的所有絶対主義や「小さな政府」論とは相いれない。思想史的に見れば彼のアイディアは、自身も認めるように、社会主義者とも交流があった一九世紀アメリカの思想家ヘンリー・ジョージの土地全面公有化論に近い[17]。このようなポズナーの構想までをも「新自由主義」呼ばわりするなら、もう味噌も糞も一緒くたである。

意地悪な言い方をすれば、それでもこの気分としての「新自由主義」を時代を画すものと認め、それを批判しようとする人は、マーク・フィッシャーがそうだったように、実は自分の本当の敵と対峙することを回避するためにそうしているのだ。本当の敵とは何か？　資本主義そのものである。資本主義は嫌だが、資本主義の外には出られない――そういう「資本主義リアリズム」のもたらす気分から逃れるために、全面否定できるかりそめの敵として「新自由主義」の名が用いられているに過ぎない。しかしそうとでも考えなければ、フィッシャーがリーマン・ショックにおける銀行救済という、あからさまにケインズ的な政策を「新自由主義」と謗った理由がわからない。それともフィッシャーは、そこまで無知だったのか[18]？

東條における「近代」「現代」の図式は、「自由主義から独占資本主義・帝国主義へ」という旧来の図式に表立っての異議を突き付けるものではなかったが、事実上別の考え方、別の歴史観を提示しており、それは古いマルクス主義的図式よりはずっと頼りになるものである。それは「近代から現代へ」の展開を資本主義の堕落としてではなく、資本主義の徹底、深化としてとらえる。そこに堕落があったとしたら「市民社会が資本主義になってしまった」ということそのものであるが、これは「近代」において多分に萌芽的・理念的だった市民社会が「現代」において実現してしまったら資本主義になっていた、というほどのことである。

では「現代」以降、いわばポストモダンの展開をどう位置づけるのか？　我々は『ＡＩ時代の労働の哲学』において、ＡＩ化や動物解放・福祉などとの関係で人間そのもの、とは言わないまでも資本主義を構成する主体、ここでいう「市民」そのものの多様化といよいよ「市民」とは呼べないような、新たな奴隷とでもいうべき存在の出現を展望して、「新たな身分制の到来の可能性」を示唆した[19]。お好みならもちろんここでそれを「あらたな「近代」への回帰」のように語ってもよい（それどころか冷戦終焉以降の世界を「新しい中世」と呼ぶことさえ多いではないか[20]）。しかし我々としてはそれは避けたい。例の「自由主義から独占資本主義へ、そして過去への回帰、反動としての新自由主義へ」という図式と似通ってしまって野暮だ、ということはさておいても、我々はそもそも、「近代」「現代」に続く次なる段階、時代区分をというやり方から距離を置きたいし、東條の議論もそのような形で継承したい[21]。我々はフーコーにもヒントを得つつ、社会経済の歴史的な実態は緩やかに、連続的に変化するものであり、不連続的な構造変化に見えるものは多くの場合精神、文化のレベルにおいて、フーコーがエピステーメーと呼んだようなレベルにおいての方によくみられる、と考える。そして東條のいう「近代から現代へ」の転回にも、多分にそうしたところがある、と。更にここで問題となっている市民社会の出現とその資本主義化、それはハーバーマスのいう「公共性の構造転換」と別のものではないが、それは歴史的に一回性の現象としてよりも、古典期ギリシア・ローマにおけるそのパラダイム、範例が確立し、その範例が様々な形で後世に継承されている以上、新しい市民社会、公共圏が、その時々の状況に応じて、その時々の社会的、政治的コンテクストと、その時々の技術的条件に応じて反復される現象である、と考えるべきであろう、とする。つまり「近代から現代」への転回と同じようなことは、これまでにも何度か起きており、これからもまた起きるのだろう、と。

それを踏まえた上で改めて我々は、目指すべきはあくまでも市民社会の実現と維持であり、実際には市民社会は、資本主義としてしか維持できない、と考える。その競争の過酷さから生身の人間を守るための福祉国家的仕組みはもちろん不可欠だが[22]、市場経済どころか、資本主義でさえも否定できない。資本主義という下部構造なしには、ある程度以上の規模の市民社会は存続できないのである。もちろん、資本主義の成長とともに、それがうまくいけばいくほど、人々の公徳心、政治的主体性はスポイルされ、衰えていくのが普通ではあるのだが、それでも他に道はないのである――衰えた後にはまた新たな技術や文化的潮流が勃興し、人々の公徳心を引き付けるだろうことを期待して。

資本主義的市民社会では、政治は第一義的には、人々の私的な自由を支えるインフラとして存在するのであり、また労働運動や農民運動をはじめとする伝統的な社会運動はもとより、フェミニズムやエコロジーを含めた「新しい社会運動」さえも、どちらかといえば前衛であるよりは後衛であらざるを得ない。そういう社会での前衛は、営利的ビジネスや、非営利的であっても創造的な学問や芸術の方である。ただすでに触れたように、そうした政治や運動がヴァイタルであるためには、そうやって後衛であることを自任しそれに甘んじていては、実はきちんと後衛であることを全うできない、というパラドクスが存在しているのだが。

4 「市民社会派」再訪

既に我々はハーバーマスの「公共性の構造転換」論をメディア論的に換骨奪胎して、「公共性の構造転換」は一回性の現象ではなく、循環的——とは言わずとも反復的な現象であり、新たなメディア技術が普及して支配的になっていくたびに繰り返されるものだ、と論じた。ということは、構造転換して変質してしまうという「市民的公共圏」あるいは「市民社会」もまた、繰り返し勃興しては衰退するものであって、過度の期待も過度の悲観もそこに寄せるべきではない、と示唆した。ここでその点につき、東條をインスパイアした日本の「市民社会派」マルクス経済学の意義をも振り返る形で、もう少し触れておこう。

「近代から現代へ」図式は二〇世紀の同時代認識・歴史認識を強く支えたものであり、マルクス主義の発展段階論、「自由主義から帝国主義へ」の図式はそれに説得力ある理屈を与えた一方で、ある種の不安定さも持ち込んだ。

「近代から現代へ」図式は、二〇世紀の社会を相変わらず近代的なものと位置付けたうえで、しかし一九世紀からの質的な転換を経たもの、と意識するものであり、その転換はしばしば、本来性からの逸脱、堕落として捉えられるようなものだった。すなわち一九世紀における本格的な近代社会の到来は市民革命、万人に普遍的な人権を保障する市民社会によって、それまでの身分社会を置き換え克服すること、によってもたらされたのに対して、一九世紀末以降、その市民社会的理想を裏切り空洞化させる事態が展開し、二〇世紀となった、というわけである。すなわち、等しく人権を保障された人びと＝市民たちが対等に理性的に運営していたはずの市民社会が、理性を欠き衝動的で、偶然の衝撃に振り回されてパニックに陥ったり、あるいは声の大きなリーダーに盲従したりする大衆からなる大衆社会に変質してしまった、という。

これに対してマルクス経済学の自由主義から帝国主義へという転換図式は、両義的に作用する。一方でそれは、資本主義の本来の健全なあり方としての、自由主義政策によって支えられた、自由な競争的市場による資本主義から、市場を操作して競争を歪め、国家の政策にも強い影響を及ぼす大企業中心の独占資本主義への堕落という風に経済の変質を描くことで、「市民社会の大衆社会への堕落」図式に適合させることもできる。ただそのままではマルクス主義本来の進歩史観とうまく整合しない。マルクス主義の歴史観に従うならば、独占資本主義への堕落は一方で生産力の発展（ここでは重化学工業化）がもたらしたものであり、新しい生産力、技術に既存の資本主義という社会経済体制が合わなくなったが故のひずみであり、来るべき社会主義への生みの苦しみでもある。

マルクス主義の大勢としては、この後者の発想にのっとり、一九世紀を「本来の近代」と懐かしむような論調を「ブルジョワ的懐古趣味」「ロマン主義反動」と否定するものであった。市民社会の理念をそのまま実現するような社会などに実現可能性はなく、市民的権利をそのまま制度化した市民社会は、実際には持てる者と持たざる者との格差を、かつてない生産力の増大とともに一層拡大する資本主義になるしかなく、それを克服するには計画経済による社会主義しかないのだ、とするのが正統派のマルクス主義であった。もちろんこれに対して、ことにスターリン批判以降、全体主義化してしまうような社会主義では資本主義を捨ててそれに就く意味はなく、資本主義を克服するというなら市民社会の理想を捨てるのではなく、資本主義では実現できないその理想を真に実現する「人間の顔をした社会主義」を目指すべきだ、というのが、二〇世紀後半の西洋マルクス主義だったわけである。しかしそこで「人間の顔をした社会主義」とはいったいどのようなものか、果たしてそれは実現可能なのか、という新たな難問が浮上する。それは極めて困難な問いであり、ごく少数の理論家が先端の理論を駆使して挑んだが、大体において落ち着くところは格差その他の市場の弊害を政策的にコントロールしつつ、経済活動の大部分は自由な市場に委ねる「市場社会主義」であった。八〇年代末から九〇年代初頭の、旧社会主義圏における地滑り的な体制転換以降は、そうした社会主義改革への試みへの熱も冷めてしまっている。そのような状況下で、マルクス主義者のほとんどは資本主義に対する積極的なオルタナティヴの提示はあきらめ、その欠点、問題点を指摘するにとどまっている。このような歴史を踏まえて、第1部で扱った東條由紀彦をもインスパイアした日本の「市民社会派」マルクス主義とは一体何だったのか、を考えてみよう。

日本の戦後の社会科学の流れの中で「市民社会派」といったときは、必ずしもこのマルクス経済学の一学派に制限されるわけではなく、もう少し広く、政治的にリベラル左派にシンパシーをもって市民運動などにも連帯した社会科学者のことを指す場合もある。この広義の「市民社会派」においては丸山眞男がその代表選手として挙げられるわけであるし、経済学においても、大塚久雄門下の比較経済史学もまたそこに数え入れられることがある。ただここでは狭くマルクス経済学プロパーでの「市民社会派」に焦点をあてたい。そうするとほとんどフェティッシュな意味合いを込めて「市民社会」の語を流行させたのは、第1部でみた東條由紀彦にも強く影響を与えた平田清明であり、たしかに平田はことにその名古屋大学在職中に多数の門下生を輩出して学派的な集団を形成しはしたが、同様に重要な存在としては名古屋大学で平田の同僚であった水田洋、そして彼らの一回り上の先輩である内田義彦である。[23]

内田、水田、平田を軸として「市民社会派」を考えるとまず気づかれるのは彼らが理論プロパーの研究者ではなく学説史、思想史の研究者であるということであり、第二に、ことに内田、水田においてはマルクス以上にアダム・スミス、一九世紀社会主義以上に一八世紀啓蒙の影が強く落ちている、ということである。戦後に大学を卒業した平田と異なり、内田、水田は戦前、戦時に大学を卒業し、戦時中に軍属その他の調査員としてそのキャリアをスタートさせている。水田、平田の師である高島善哉は、大河内一男同様、マルクスを論じることを禁じられた戦時中、アダム・スミスを研究し、スミスの向こう側に暗黙にマルクスを見通すことでやり過ごしているわけだが、水田や内田も同様にスミスを読み、スミスの継承者としてのマルクス、またマルクスの土台としてのスミスを見出すことで自己の学を形成していった。その中で彼らにとってスミスは単なるマルクスの前提ではなくもう一人の巨人として確立し、マルクスが目指した社会主義と同じく、(スミスはその語に特別な意味は込めていないが) スミスの中に彼らが見出した市民社会が、目指すべき理想として確立した。それは世界的に見れば、「宇野派」と並んで日本における土着的、自生的な西洋マルクス主義だったと言える。そこには「人間の顔をした社会主義」としての「市民社会的社会主義」への志向が明確である。しかしながらそこで「市民社会」の理念が重視されたことには、当然ながら日本固有の事情がある。それは言うまでもなく、日本が後進国、後発的、後追い型近代化・資本主義化を行っている社会であるという認識であり、日本においては社会主義革命の前に、まず普通のまともな資本主義、市民社会になるための市民革命が必要だ、という認識から来るものであった。実は形だけ見るとこの「二段階革命論」は日本における正統派、日本共産党の認識と変わるものではない。しかし正統派における二段階革命論は、もとをたどれば戦前、スターリン支配下のコミンテルンの「三二年テーゼ」に忠実にのっとっただけの政治先行のものであり、内発的動機も理論的正当化も正統派においては欠けていた。だが「市民社会派」においては、日本における市民社会の実現の必要性についての独自の理論があったのである。

他方でそれは逆説的にも、高度成長以降の日本の経済社会の展開に対して、正統派よりも有意義な対峙を市民社会派に可能とした。というのは正統派にとって日本資本主義の本質は戦後においても戦前と変わらず、半封建的で後進的なものに過ぎず、戦後の高度成長は労働者や農民の搾取に基づいた不自然で非合理的なものとして捉えられていたが、市民社会派はそのような現実を無視した無理な強弁を行う必要がなかった。すなわち市民社会派は、高度成長の現実を素直に受け止めた上で、同時にそれを本来の市民社会の理念からの逸脱、堕落として認識することができたのである。一九世紀の資本主義においては剥き出しの搾取が目立ったのに対して、二〇世紀以降の資本主義の下では、豊かさの成果が労働者大衆にまでいきわたる一方で、高度に組織化された官僚制的大企業の中で、労働の意味は失われ、人々は疎外される――という風に。もちろんそうした展開は日本のみならず先進諸国に共通するが、自生的な市民革命を経験せず、いわば一足飛びに前近代の封建社会から超近代的な独占資本主義に突入した日本は、西欧社会に比べて疎外への抵抗力が弱くなるのではないか、それゆえに現代日本において市民社会の理念はいまだに、というよりも今だからこそ意義を持つのではないか――そうした議論が成り立ちえたのである。

正統派との対比における市民社会派の意義を以上のように見たとして、それではいまひとつの非正統派マルクス経済学としての宇野派との対比において見るとどうなるだろうか？　政治党派的な観点からすれば宇野派も市民社会派も共に非共産党系と括れてしまうし、どちらも新左翼や非党派的な市民運動に一定の影響力を持ったが、他方で（ある程度）アカデミックな観点からは興味深いことに正統派と市民社会派はともに「講座派」の流れを汲み、宇野派は「労農派」の流れを汲む、ということになってしまうのである。言うまでもなく「講座派」と「労農派」の対立は、まさに「三二年テーゼ」のせいで引き起こされた（その意味で純粋に学術的とはいいがたい）「日本資本主義論争」によるものであり、「三二年テーゼ」どおりに日本を半封建的な社会、日本の資本主義を未熟で部分的なもの（日本の社会経済の全体を覆いつくしていない）、と考える「講座派」と、既に論争の時点である昭和初期において日本は資本主義社会である（たとえば農村の地主小作関係も、既に封建的な身分関係ではなく、市場の論理に従う取引関係である）、と考える「労農派」との対立であった。そして繰り返すが、この「講座派」対「労農派」の構図の中では、市民社会派は正統派と同じく講座派の側に繰り入れられてしまうのである。

ただこの「講座派」的な視点と「労農派」的な視点との対立は、たしかにもとはと言えば愚劣な党派政治の所産という色彩が濃いが、まったく無意味だったわけでもなく、ことに戦後の日本経済学において、非マルクス経済学、「近代経済学」の陣営における日本経済研究においても、同様の対立、論争は存在していたことに注意せねばならない。そこで純粋に学問的な観点からこの対立を解釈しようとするならば、いくつかの考え方があることがわかる。まず最初に思いつくのは、もっとも単純に、歴史的な発展段階論の土俵の上で、日本経済の現状をどの段階に位置づけるか、という対立として解釈する、というものだ。その場合講座派は、少なくとも初発の「論争」の時点、昭和初期についていえば日本を自由主義段階以前、下手をすると絶対王政の重商主義との過渡期あたりに位置づけてしまうのに対して、労農派ならば自由主義どころか帝国主義に位置付ける、という風になる。しかしそれだけではない。そもそも日本の資本主義、経済社会をダイナミックに発展するものと捉えるか、停滞的なものとして捉えるか、という違いとして、労農派、というより宇野派と、講座派、というより正統派の違いを捉えることもできる。先に見たように戦後の正統派は、戦前のファシズム期のみならず、高度成長期の日本経済さえも本質的に停滞的なものとみなす嫌いがあったのに対して、宇野派は戦後、それどころか既に戦前についても、少なくとも戦間期以降の日本経済を既に帝国主義に突入したものとして捉えていた。

ただ以上のように解釈すると、講座派には全く立つ瀬というか救いがなくなってしまう。しかしここでもう一つの解釈が可能となることを指摘したい。つまり成長、発展の通時的なダイナミズムに主たる関心がある労農派――宇野派に対して、講座派の可能性の中心は、共時的な構造の認識にある、という解釈である。講座派の教科書、パラダイムとされるのは山田盛太郎の『日本資本主義分析(24)』であるが、そこでは日本の経済社会は三つのセクター、つまり官営企業や軍工廠主体の重工業セクター、主として軽工業からなる、民間企業主体の普通の資本主義セクター、そして半封建的な農村、からなる、異質なものの複合体として描かれている。これを発展段階的に見れば、最先進部門を民間資本ではなく政府に支配され、人口の大多数を占める農村は半封建的身分社会であるという意味において、それは確かに未成熟な、離陸途上の資本主義という風に位置づけられてしまう――異質なセクターの共存は発展のタイムラグの結果でしかないとされるだろうが、そうではなく、「進んだ」近代的部門と「遅れた」伝統的部門が安定した相互依存関係にある――異質なものの共存は偶然の結果ではなく、恒常的な構造である、と捉えることもできる。つまり二つの立場の対立は「日本資本主義を後進的とみるか先進的とみるか」「日本資本主義を停滞的とみるか動態的とみるか」だけではなく、「日本資本主義を通時的な変化の相においてみるか、共時的な構造の相においてみるか」というものとしてみることもできる、というわけである。(25)

結果的に見れば、特に戦後の高度成長を前にして、正統派は日本経済を後進的・停滞的と見なすことに固執して説得力を失う一方で、宇野派は戦後のみならずおおむね第一次世界大戦以降の日本資本主義を独占段階に突入したものと解釈し、重化学工業主導の成長を無理なく理解できた。では市民社会派の場合にはどうか？ 「二重構造」への関心はマルクス経済学と近代経済学の学派の壁を越えて実証研究者の関心を一定程度集めたが、そこで市民社会派的視点が特別な存在感を発揮したとは言えない。宇野派的な視点からもこの「二重構造」は、独占段階における大企業主導の産業組織の下での中小企業の系列化といった形でそれなりにつじつま合わせができたからだ（農村分解の不徹底、小規模自作農の存続も、帝国主義下での農業保護という観点から合理化できなくはない）。またそうした宇野派的観点からすれば、こうした現象はいずれも独占段階の資本主義に共通する現象で、日本独特のものではない（後進性でもなければ地域的・文化的特殊性でもない）、とされる。つまり「複合性のダイナミックな展開」を解釈する道具立てが宇野派にはあったということである。また近代経済学、今風に言えば主流派の新古典派の立場からの農業経済学、開発経済学、労働経済学にとってこのような重層構造は一九七〇年代以降、情報の経済学やゲーム理論の切れ味を試す草刈り場となり、フィールドでの実証と手を携えて発展した[26]。そのような中で、市民社会派には何ができたのか？

中心的な論客の平田清明とその門下生の中心的なテーマも主として経済学説史・思想史であり、八〇年代以降に実証的な現状分析にシフトした研究者の場合も、フランスのレギュラシオン学派の道具立てを輸入する形となったので[27]、結局独自の学派としての市民社会派は、思想的には消え失せ、学術的には経済思想史研究にのみ引き継がれた、と片付けても大体間違いではない、と言いたい気持ちもあるが、その前に七〇年代から八〇年代に注意すると、辛うじて国際経済学を専門とする研究者の一部（代表的には森田桐郎、本多健吉、本山美彦）が、独自の動きを見せていたことに気が付く。すなわち、ラテンアメリカに発する従属理論、それを承けてのイマニュエル・ウォーラーステインの世界システム論の問題意識を継承する動きを見せ、世界レベルでの資本主義経済システムの複合的統一性をテーマとするようになったのである。宇野派においても既に独立して「世界資本主義」は主題とされるようになっていたが、そこでは主としてレーニン以降の帝国主義論が重視されていたのに対して、市民社会派においてはマルクスの初期草稿である『経済学批判要綱』の中に萌芽的に展開されつつも『資本論』には十分取り込まれなかった歴史理論や資本主義社会の複合性についての議論を下敷に、近世、大航海時代にまで遡る世界システム論の視野をも取り込んで南北問題を論じようという姿勢が見られた。市民社会派には、先進工業国における労働疎外に注目する視点があったことに先に触れたが、「低開発の開発」という、途上国における資本主義化の負の側面への着眼もあったのだ、と言えないこともない(28)。

このように考えたとき、「市民社会派」のマルクス経済学の「可能性の中心」がどこにあったか、というと、実証科学の方法論としてみたときは、社会の複合的構造を、静的にではなくダイナミックに変化していくものとして捉えるという視角ということになるが、実のところそれは宇野派や新古典派にもあったのだから、決定的な優位とは言えない。肝心の「市民社会」という概念も、実証分析の道具としてのその使いどころがよくわからない。それが自由主義段階の資本主義に対応するものだとすれば、歴史分析にしか使いようがなくなるのではないか？　となるとやはり「市民社会派」を単に歴史の遺物としてではなく、今日なお使えるものとしてリサイクルするためには、その規範的な部分、実現されるべき理念としての「市民社会」に賭けるしかない、ということになる。ただしその場合「市民社会」の概念は、もとの「市民社会派」の業績におけるよりもさらに抽象的に理念化されざるを得ないだろう。なんとなれば、当初の「市民社会派」の仕事に従うならば、「市民社会」の理念がヴァイタルに現実を先導し、かつそれが一定程度リアリティをもって受け止められていた時代が一九世紀初期近代西欧だったとしたら、二〇世紀はそのリアリティが喪失した時代だ、ということになる。にもかかわらずなお「市民社会」の概念をヴァイタルなものたらしめるために、「市民社会派」はスターリニズムや正統派を拒絶しつつ、それでもマルクス主義にとどまり、「人間の顔をした社会主義」としての社会主義的市民社会の実現は可能であり、そこで再び「市民社会」の理念はリアリティを取り戻すのだ、とした。しかし社会主義の崩壊以降、そのような未来像を維持することはできない。そうすると「市民社会」の理念はリアリティから距離をとった抽象度の高い理想に戻らざるを得ない。その上でなお、現在においてその理念を掲げることがアナクロニズムに陥らず、ヴァイタルであるためには、その未来におけるリアリティ、実現可能性を高めるのとはまったく逆の作用——実は一九世紀初期近代において「市民社会」の理念がリアルであった、などということはなかった、と歴史を見直し書き換える必要がある。一九世紀においても「市民社会」の理念は実態からほど遠いものであり、それゆえ二〇世紀以降の展開を一九世紀からの堕落という風に捉える必要はないのだ、と。

第1部でみた東條由紀彦の仕事は、そのような観点から解釈することができる。すなわち既にみたように東條は、「市民社会」の理念は日本において宙に浮いた空虚な理想に終わるようなものではなかったことを、近世日本においてすでに自生的な市場経済と市民社会とが存在しており、西洋的な「市民社会」の理念の受け皿となりえたことを示唆する一方で、そうした自生的市民社会の主役は個人ではなく家その他の集団であると論じた。そうした日本の「近代」が両大戦を経て個人を基本単位とする市民社会へと移行していくのだが、それは単に古い団体が解体して個人がむき出しで市場に放り出されるというのではなく、既存の家や団体とは別の組織的秩序——企業や労働組合、その他結社——に編成しなおされる、という過程だった。そうした現代的組織は没人格的融合を強いがちな家などとは異なり、少なくとも建前としては個人本位の組織原理をとるものであったので、近代から現代への移行は「自律した個人が主役の市民社会から、没個性的で受動的な大衆社会へ」というようなものではない。ただしそのような現代的団体秩序が、二〇世紀末以降衰退しつつあり、それにとって代わる新しい秩序がまだ見えていない——東條の時代診断はこのようなものである。そして第2部でみた世紀転換期の労働市場と学校教育をめぐる展開もまた、それを裏付けているように思われる。

しかしそれだけでは、「市民社会」の理念を社会の現状を批判するための基準として用いることの理論的正当化はできても、それにリアリティを感じさせるには不十分であり、「市民社会」の理念が現状からあまりにかけ離れた絵空事ではなく、現状が緩やかにではあってもそこに向けて収束していくような理想的極限であると言える程度の抽象性でなければ困る。その程度のリアリティの肉付けを与えるような、現実世界における制度的・技術的環境が衰退している、というのが東條の危機感である。

それは一面ではもちろん、第2部でみたように、情報通信革命に代表されるような技術変化に基づく産業構造・企業組織の急速な転換、他面ではことに日本の場合の長期不況がもたらした、高度成長期以降の日本における企業中心型の社会構造の弱体化である、ということになろう。日本の場合、経営側のリーダーシップによる、人事労務管理に基づく従業員組織だけではなく、労働者側の自発的組織である労働組合も、その組織範囲、境界線を企業による雇用の範囲に合致させてしまっているため、前者が揺らぐと自動的に後者も揺らいでしまう。またこうした安定的雇用の枠に入れなかった人々も、農家を含めた自営業によって吸収され、ある程度安定した生活基盤を持つことができたのが高度成長期からバブル期くらいまでの日本社会であったとしたら、バブル期あたりから始まった情報通信革命は、そうした自営業などからなるセーフティーネットと、そして何より好景気の下での新産業による新規雇用の拡大をあてにして、安定的雇用秩序を揺るがしていった。もともとは低成長期における雇用危機を、企業内での大規模な配転・職種転換や関連企業への出向・転籍、更にそれを政府による補助（雇用調整助成金）というセーフティーネットで凌ぐという経験の中で、ハードな解雇を極力抑えたマイルドな雇用調整手段として編み出された分社化や出向転籍は、新規事業展開の手段としても用いられるようになり（「終身雇用圏」なる言葉も生まれた[29]）、そうやって安定した雇用秩序は徐々に揺るがされていったのであるが、バブル崩壊以降の長期不況下では再びそれが雇用抑制の手段としての色彩を強めていく。好況期の、マクロ的な雇用不安のないところでの、ミクロ的な雇用秩序の弛緩とは異なり、不況下ではミクロな企業レベルでの安定雇用の崩壊は、マクロレベルでの雇用不安、失業の増大、長期化、新規雇用の不足に帰結する。

ここで「たら／れば」の話をするならば、バブル期の好況期に、企業単位での安定雇用の揺らぎを埋め合わせるような形で、外部労働市場において単に人が流動するだけの空間ではなく、企業組織から独立した形で、労働者の交流と連帯を支えるような組織（欧米の労働組合は建前としてはそのようなものを目指している）が育っていれば、それはまさに企業社会＝従業員の共同体から独立した、労働者の市民社会と呼べるものになり、不況期においても労働者を個人として孤立させない機能を少しでも果たせたかもしれないが、そうした組織は日本には希薄である（周知のとおり日本の労働組合の多くは企業単位の従業員組織に近く、企業の枠を超えた産業別組織はその寄り合いであって自立性が低い。組織化に熱心な産業別組織は例外的存在である）。東條の理想はこちらに近いのであろうが、現実はそれからほど遠いことは東條にもわかっている。あるいは本田由紀が構想する、学校レベルでの職業教育の充実もまたこれに近いと言える。すなわち公教育での職業教育に、職業別労働組合に近い機能を少しでも持たせようという発想である（実際大学とは異なり高校や専門学校の就職指導は、行政による職業紹介事業と並んで、労働市場の仲介機能を能動的に発揮している）が、本田には学校が市民社会の役割をどこまで果たしうるか、についての思考は不足しているように見える。

5 市民社会と都市

改めてみるならば「市民社会派」の「市民社会」理念は、ハーバーマスの描く「市民社会」「市民的公共圏」のそれに非常に近い。ハーバーマスが念頭に置いているのは、「市民社会派」の論者たちと同様、思想史的に言えば一八世紀から一九世紀の啓蒙的思想家たちであり、社会階層としては彼らの読者であったような開明的貴族やブルジョワたちであり、そうした人々が書物、更に当時勃興しつつあった新聞雑誌などの定期刊行物、つまりジャーナリズムを通じて、あるいはサロンやコーヒーハウスを通じて行うビジネス上の、あるいは純然たる余暇の娯楽としての社交である。彼らの活動基盤は単に自由な市場だけではなく、市場での活動で破滅することがないだけの財産と教養である。そのような財産がないため、市場から降りる自由がない労働者のために、連帯によって擬似財産（組合員の相互扶助によって、辞めてもすぐには飢えない保障）を提供するのが、労働組合のもともとの機能であって、反市場的な共同体というより、市場の円滑な機能を支える下部構造である。いずれにせよ、市場によって自由な活動の余地を持ちつつ、市場によって破滅しない安全保障を確保している人々からなる社会が市民社会である。

このような社会のプロトタイプが近代啓蒙期に限定されるわけではないことは「市民社会派」の論者たちにも理解されており、たとえば水田はイタリア・ルネサンスを重視する。しかしルネサンスに目をとめるならば、ルネサンスの知識人たちが「復興」しようとした古典古代の、つまりはギリシア、ローマの経験、とりわけポリスの民主政と初期ローマの共和政に注目せねばならない、と主張するのが、狭義の「市民社会派」とは一見縁が遠いが、広義の「市民社会派」には、丸山眞男以来東京大学法学部にかすかに残された糸を通じて連なるローマ法学者の木庭顕である。[30]木庭によれば市民社会とは法のある社会であり、法とは政治の一部、政治の一形態であり、政治とは強制から自由な人々同士の、自由な討論を通じての共同的意思決定である。そして民主政とは、明確な根拠、合理的な理由なしには決定を下さない政治のことであり、そうした根拠づけを整える（アジェンダセッティングや成員資格にかかわる）基礎構造に法は深くかかわっている。法とは単なる規則のことではない。いわゆる弾劾主義、対審構造、陪審制などを見れば、我々の知る司法とは裁判官による決定システムなどではなく、当事者を中心に、それを支えるべく陪審や裁判官を置く討議のシステム、つまり政治の一種であることがわかる。経済学を基盤としていたがゆえに「市民社会派」の論者たちの認識には欠けていた（そして実は「市民社会派」に影響を受けていた法学者たちでさえよく理解していなかった）こうした事情を木庭は明らかにし、市場とそれが可能とする社交のみならず、民主政と法もまた市民社会の基本的構成要素であることを示す。

「市民社会派」が自由な市場を、ハーバーマスが更にそれを基盤としたジャーナリズム、その上での自由な言論を市民社会の構成契機として重視したならば、木庭が古典古代に見出すその対応物は、広場（アゴラ）であり、劇場であり、それらを含めたフィジカルな構造体としての都市である。極端に図式化するならば石畳を敷いた（それゆえ私的に占有して畑にできない）道路や広場からなる都市空間が公共圏であり、他方大多数の人々の生存基盤、私生活の場はそれを取り巻く田園地帯、近郊農村部（木庭は「領域」と呼ぶ）である。近代の経済学は市場（しじょう）を抽象的な取引のネットワークとして理解するが、そのフィジカルな基盤は、古代から中世、近世まで、近代的な通信技術の発展以前は、具体的な場所としての市場（いちば）であり、そうした市場を成り立たせる都市同士を結ぶのが、またしばしば石畳で舗装された道路である。こうしたフィジカルな構造物によって公共圏は成り立っているのであり、公と私の区別は単に観念的にあるいは言語的にというのではなく、物理的にも確定されている。ハンナ・アーレント流に言えば、公共圏を介して人々は切り離されつつ結びつけられるのである。古代にも書物はあったが写本であり、文芸も読まれる以上に謡われ、演じられるものであり、法もまた主として法廷における弁論としてあった。このような、古典古代的な都市、そこにおける市場、劇場、議会、法廷を市民社会の原点と考えるならば、近代におけるハーバーマスのいう「市民的公共圏」、あるいは「市民社会派」の考える市民社会とは、それが産業革命以降の近代的な交通通信技術によって変質を伴いつつ拡張したもの、つまり物理的な都市構造によってではなく、メディア技術のネットワークによって支えられたヴァーチャル都市なのである。

なぜ市民社会の理念を支える都市的なもののフィジカルな実体の水準に注目することが重要なのか？　我々は第2部において、近代的なヒューマニズムの浅薄さ、それが抱える欺瞞的な構造をマルクス主義、ポストモダニズムが批判したことを見てきた。しかしながら社会主義・共産主義が人類の目指すべき希望としての地位から滑り落ちた以上、欺瞞のない完全な正義を掲げて近代ヒューマニズム、リベラリズム、つまりは市民社会的理想を拒絶することはもはやできない。ポストモダニズムにも、その理想が抱える空虚さや無根拠さ、自己欺瞞を指摘する以上のことはできない。その空虚な理想を否定したところで、そこに現れるのは剥き出しの暴力の容認、肯定でしかない。だから我々はヒューマニズム、リベラリズムの理念を掲げつつ、そこからは零れ落ちてしまう人間的実存の領域——人はつねに自立して合理的であれるわけではなく、他人の監督や世話に頼らずには生きていけないこともあることを認めねばならない。そしてそのような監督＝躾け／調教・世話＝ケアは、対等なコミュニケーションを介した納得ずくでの合意によらない、一方的・非対称的な関係性の下での、潜在的に暴力をはらんだものなのであり、そうした暴力を馴致するという課題を、リベラルな正義とは別のケアの正義として追求せねばならない。しかしケアの正義でリベラルな正義を置き換えること、すべてをケアの正義で塗り替えることができるわけではない。というのは、ケアの正義の目標は、結局のところ、ケアされる必要がない主体、リベラルな正義の演技ができる主体を育て上げることだからである。

ここまでは第2部の復習にすぎない。ここで都市的なるものの具体性になぜ注目せねばならないかというと、市民社会の理念性を支える具体的な水準、つまり古代都市における広場や劇場、街路といったインフラストラクチャー、近代市民社会においてはそれに加えて出版、放送、電信電話が織りなすヴァーチャルな広場・劇場、それを支えるテクノロジーについて、その可能性と限界について考えなければ、弱く傷つきやすく愚かな人間同士が、合理的で行動力に富む市民の演技をどこまで、どの程度続けられるのか、どのようなインフラや技術がそうした演技を助けるのか、あるいは歪めるのか、がわからなくなるからだ。我々はただ市民社会の表面で流通する言論や表現だけを、その内的な力や合理性だけを見ていることはできない。それを紡ぎ出しまた享受する、生身を持った人間の実存と、そうした人間を支えるやはり具体的な技術について考えなければならないのだ。

しかしこうした「都市的なるもの」へのセンス、問題意識が、ハーバーマスはともかく日本の「市民社会派」には致命的に欠けていた。中世以来の大学もまた、都市と切っても切れない存在だったにもかかわらず。かくして都市は、抽象的な市場に目をとられた経済学、領域国家に魂を奪われた政治学双方の視野から抜け落ちてしまった。市民社会のフィジカルな実体的根拠としての都市、社交と祝祭の場であると同時に知的にも産業的にも創造の場である都市への注目はジェーン・ジェイコブズの都市論(31)から本格化し、今日における地域産業集積への深い関心へと繋がっていくのだが、「市民社会派」はそうした流れとすれ違っているし、また地域産業集積を「市民社会」という視角から捉えなおす気運もまだそれほど強くはない。

もちろん実践的な運動にもコミットした東條のみならず、「市民社会派」やハーバーマスに共感を寄せる読者であるならば、本書でこれまで提示したような「公共性の構造転換は長期的に見れば反復するだろうし、市民社会もまたいつかどこかで復活するだろう」という客観主義的・実証的言明だけでは満足できないだろう。「市民社会」の理念がよきものであるなら、少しでもそれが現実化されていくことが望ましい、しかしそのためには何が必要なのか？　という問いへのいま少し具体的な答え、と言わずともヒントがほしいだろう。しかしながらここまで我々は、例えば労働運動の可能性について、悲観的な議論しか提出して来なかった。その上であえて少しでも前向きなことを言うとすれば、近年、中小企業研究や文化経済学などで、革新のインキュベーターとしての都市への注目が高まっていることには期待してよいと思われる。「市民社会派」のなけなしの知的遺産を、そうした潮流と掛け合わせてみることは必要だろう。地域産業集積をめぐる議論が、重商主義の延長線上の産業政策論に終わってしまわないためには、経済学や社会物理学の洗練された数理モデル(32)のみならず、「市民社会としての都市」、そこにおける政治や社交についての徹底した考察が必要となるはずである。それを経由してこそ学校や組合を、閉域としての国家のミニチュアではなく、市民社会の構成要素へと組み替える可能性も見えてくるのではないか。

註

(1)もっともあからさまには、小池和男『賃金』ダイヤモンド社、一九六六年。後年の教科書『仕事の経済学(第三版)』東洋経済新報社、二〇〇五年、にも「段階論」のコンセプトは登場する。
(2)栗田健編著『現代日本の労使関係――効率性のバランスシート』労働科学研究所出版部、一九九二年。
(3)大沢真理『企業中心社会を超えて』時事通信社、一九九三年/岩波現代文庫、二〇二〇年。よく知られている通り大沢はその後自民党政権時代から始まった男女共同参画推進に深くコミットし、民主党政権以降は社会保障審議会、政府税制調査会にも加わって長らく活躍している。
(4)端的には小池『なぜ日本企業は強みを捨てるのか――長期の競争vs.短期の競争』日経BP社、二〇一五年。
(5)このあたりについては拙著『経済学という教養(増補版)』筑摩書房、二〇〇八年。
(6)現場の労使や地方自治体による雇用創出への努力は、往々にして限られたパイの奪い合いとなる。自治体には地方債による財政政策はできても、独自の通貨発行による貨幣政策はできない。拙著『経済学という教養』をも参照のこと。

(7)トマ・ピケティ『21世紀の資本』山形浩生他訳、みすず書房、二〇一四年。

(8)オリヴィエ・ブランシャール『21世紀の財政政策』田代毅訳、日本経済新聞出版、二〇二三年。

(9)例えば金利については世界的な抑制・低下傾向が歴然である一方で、超長期的に見たときには、今世紀後半における人口減少局面までを考慮に入れれば、金利上昇は避けられない、との主張もある。チャールズ・グッドハート&マノジ・プラダン『人口大逆転』澁谷浩訳、日経BP社、二〇二二年。

(10)ウィリアム・ノードハウス『気候カジノ』藤崎香里訳、日経BP社、二〇一五年、のタイトルは暗示的である。

(11)次節で資本主義の下での格差のメカニズムについて詳しく論じる前にこのようなことを書いては興ざめかもしれないが、「現代」後期の、とりわけ先進諸国における高度成長とその下での福祉国家の発展は、絶対的な生産力の高度化によって貧困を緩和し、更にその成果を労使が分け合う「階級闘争の制度化」によって古典的な労働問題、社会全体の多数派を苦しめる大衆的なレベルでの「貧困問題」を一時は陳腐化させた。代わって前面に出てきたのが、貧困問題でも大衆的な貧困というよりは例外的な少数派、マイノリティの貧困問題であり、その背後にある人種・民族差別の問題であり、あるいはやはり階級対立図式から抜け落ちた性差別の問題であり、あるいはそうした人間社会内部の対立の問題とは位相を異にした、人類社会とそれを取り巻く自然環境との対立ともいうべき「環境問題」だった。そのような様々な社会問題は、一面では実は階級問題がそうであったように、単一市民社会であるはずの現代社会においても、実は厳然として身分格差がいたるところにある、ということに他ならない(環境問題はやや異なるが、そこに動物の問題を入れるならば、そこにも人と動物の間の身分差別を見出すことはできる)。

しかしそれらは共通の構造を持つと同時に、それぞれに固有の原因を持ち、決してその原因を資本家と労働者の対立、「資本主義社会の矛盾」に還元することができるようなものではない。だからそれらに取り組む様々な「新しい社会運動」も決して、階級対立の克服を目指す社会主義や古典的労働運動のヘゲモニーの下に置くことができるようなものではなかった。ということは他方でそれらの運動は、かつてマルクス主義が目指したようには、「全人類の解放」を目指すもの、人類全体に責任を負うものとはなりえないのだ（この点でも環境問題はやや異色かもしれない）。

ただそれら「新しい社会問題」が前面に出てきえたのは、「現代」後期、二〇世紀後半において比較的長く平和で豊かな時代が持続したからであるとも言える。二〇世紀末以降の格差の拡大、そして日本における長期停滞は、再び古典的な格差と貧困を主要な社会問題として人々の意識に上らしめた。もちろん資本主義のもたらす格差・貧困と性差別や人種差別は、しばしば連動し相乗効果を起こす。にもかかわらずそれぞれの問題の抱える固有の事情は、特に経済が低成長に転じた（それゆえに格差や貧困が与える主観的痛みがより深刻化した）状況においては、問題の解決、緩和のための資源をめぐっての奪い合いにつながりかねない。

（12）ピケティ『21世紀の資本』。

（13）コルナイ・ヤーノシュ『資本主義の本質について』溝端佐登史他訳、講談社、二〇二三年。

（14）Daron Acemoglu & James A. Robinson（2005）*Economic Origins of Dictatorship and Democracy*, Cambridge University Press. なお、Daron Acemoglu & James A. Robinson, *Why Nations fail: The Origins of Power, Prosperity and Poverty*, Crown Business, 2012 =ダロン・アセモグル&ジェームズ・A・ロビンソン『国家はなぜ衰退するのか 権力・繁栄・貧困の起源』上下、鬼澤忍訳、早川書房、二〇一三年、をも参照。

(15)この問題については拙著『不平等との闘い』を参照のこと。
(16)塩川伸明『現存した社会主義 リヴァイアサンの素顔』勁草書房、一九九九年、の言い回し。
(17)エリック・ポズナー&E・グレン・ワイル『ラディカル・マーケット』安田洋祐監訳、東洋経済新報社、二〇一九年。なお日本の地租改正に至る過程において、神田孝平が提案した「沽券税」(いわゆる壬申地券)はまさにこのアイディアそのものである。松沢『日本近代社会史』第三章一。
(18)マーク・フィッシャー『資本主義リアリズム』セバスチャン・ブロイ、河南瑠莉訳、堀之内出版、二〇一八年を参照のこと。
(19)拙著『AI時代の労働の哲学』第五章。
(20)田中明彦『新しい中世』日本経済新聞社、一九九六年/講談社学術文庫、二〇一七年。
(21)大沢『企業中心社会を超えて』、そしてなにより、野村正實『日本的雇用慣行』ミネルヴァ書房、二〇〇七年、という日本型企業社会の全体像を描いた労作は、結局のところ戦後までを含めて日本型企業社会とは身分制だったのだ、と結論するわけだが、そもそも東條の茅沼炭鉱の分析の含意もまたそれと矛盾するわけではない。

戦前、労働運動の高揚を経て、ついに組合合法化はならなかったが、官営・財閥系一部大企業で出来上がった、組合排除の上での労使交渉システムとしての「工場委員会体制」がいわば「原型」となって、戦時動員、産業報国会における、実態はともかく理念レベルにおいての、全国、全産業のあらゆる職場を貫通する組織形成の経験を経て、戦後、占領下での労働組合の合法化の中でこの「原型」を下敷きにした労使関係が普及していく——「現代」日本の労使関係史はまずはこのように描かれる。その中では戦前の運動における労働者の「人格承認要求」、あるいは戦後における工職(ブルーカラー/ホワイトカラー)格差批判、工職混合組合の設立という風に、資本家との、あるいは中高等教育を受けた職員との身分格差を批判し、対等な市民としての地位を求めた労働者の姿が浮かび上がる。しかし同時にその水平的団結としての組合は、野村が言う如くついに「企業別組合」どころか「企業内組合」に終わり、工職差別は克服されても、本社と関連会社、本工と社外工といった身分差別は、単に資本家的経営による分断工作というのではなく、労働者たち自身の選択によっても維持されていく。だから東條は戦後日本の、日本なりの産業民主主義、労使対等を「従業員民主主義」と呼ぶのだ。そうした身分的構造は当然にのちの正社員とパートタイマー、総合職と一般職、といった序列付けにも引き継がれていく。それでも「現代」においては、そのように会社ごとに分断された共同体のレベルでの「従業員民主主義」の相場が成り立っていたのに対して、その相場観が失われたのがポスト「現代」たる現在ということになるだろう。そうするとまた「近代」におけるように企業レベルにおいてよりもその外部の労働市場レベルで、身分的構造が露出してくる。だがそれは一度はなくなったものが復活したというわけではなく、ずっとそこにあったものがまた目立つようになった、一時はあまり苦にしていなかったものがまた苦になるようになった、ということなのだ。

主流派経済学の立場から日本労働経済の全体像を活写した最新の労作である神林龍『正規の世界・非正規の世界』（慶応義塾大学出版会、二〇一七年）は計量的に見たときに二〇世紀末以降の非正規労働者の増加は、「日本的雇用慣行」が崩れて正規雇用が減ったからというより、自営業者の大幅な減少と釣り合っている、と指摘し、「二一世紀になってもなお、日本の自営業の実情はおよそ企業家一色で染まるような状況ではなく、一九八〇年代以降の四半世紀においてすら、むしろ低開発国のインフォーマル・セクターに近い」（三五一頁）と主張する。いうまでもなくかつての専業農家を含めて、自営業者の多くは営利企業というよりも生業を営む「家」でもある。

人口が停滞する中で正規従業員の絶対数が減っていると言いがたいことは注目に値するが、それでも非正規労働者の数が増えている以上、企業レベルでも市場レベルでも正規・非正規のバランスは変化しているのであり、ここから直ちに「日本的雇用慣行は揺らいではいない」とまで結論しうるかどうかは留保すべきであろう。しかしその非正規労働者層の増大と自営業者層の減少が対応しているかもしれない、という問題提起は無視できない。そこからは日本社会において身分的構造、複層的市民社会が「現代」においてもインフォーマル・セクターとして生き延びていたこと、小池によれば、そこにおける自営業セクターは中小零細企業におけるキャリアの天井を補償する仕組みとして機能することによって、単一市民社会幻想を支えていたであろう（小池『日本の熟練』有斐閣、一九八一年）こと、しかしそれがポスト「現代」にたくましく復権する、などというわけでもないことがうかがわれる。かつて東條のいう「現代」の単一市民社会の中核を支える「従業員民主主義」は実はその陰に自営業層の複層的市民社会があったからこそ安定していたのであり、後者が衰退してもそこから流出した人々は正規労働者の「従業員民主主義」には掬い取られないままに現在がある、ということだとしたら？

更に神林は二〇世紀末以降の展開において、民間における派遣業界の成長、官における最低賃金制度、行政の相談窓口等による労働市場への介入の存在感が増してきており、従来の正規部門における労使自治（産業民主主義あるいは東條風に言えば「従業員民主主義」）のありようを変えつつあるかもしれない、と示唆している。

(22)しかしそれが従来の国民国家、領域国家を単位としてのものであり続けるかどうかは自明ではない。拙著『AI時代の資本主義の哲学』「補論」を参照。

(23)以下については野原慎司『戦後経済学史の群像』をも参照のこと。

(24)岩波書店、初版一九三四年。

(25)「構造」重視の講座派・対・「発展段階」重視の労農派、という視点については、中西洋『増補・日本ににおける「社会政策」・「労働問題」研究』「補論1」を参照。
(26)拙著『不平等との闘い』第五章を参照。
(27)ロベール・ボワイエ『レギュラシオン理論』(新評論、一九八九年)の翻訳以降の山田鋭夫の活動が代表的である。
(28)例を挙げると、本山美彦『世界経済論』同文館、一九七六年、同『貿易論序説』有斐閣、一九八四年。本多健吉『低開発経済論の構造』新評論、一九七〇年、同『資本主義と南北問題』新評論、一九八六年。森田桐郎『南北問題』日本評論社、一九六七年、同『世界経済論の構図』有斐閣、一九九七年。
(29)稲上毅『転換期の労働世界』有信堂高文社、一九八九年。
(30)木庭『ローマ法案内』他。木庭の近著『ポスト戦後日本の知的状況』(講談社、二〇二四年)では広義の「市民社会派」につき興味深い考察がなされている。
(31)ジェーン・ジェイコブズ『アメリカ大都市の死と生』山形浩生訳、鹿島出版会、二〇一〇年、同『都市の原理』中江利忠、加賀谷洋一訳、鹿島出版会、二〇一一年。
(32)藤田昌久、ポール・クルーグマン、アンソニー・J・ベナブルズ『空間経済学』小出博之訳、東洋経済新報社、二〇〇〇年。ジョフリー・ウェスト『スケール』山形浩生、森本正史訳、二〇二〇年。

あとがき

本書は多分に偶然の所産である。二〇二三年五月に石川公彦氏（沖縄大学）を介して明治大学経営学部紀要の東條由紀彦教授退職記念号への寄稿依頼をいただき、当初は勤務先の紀要への投稿を予定していた本書第2部の論文をと考えたが、せっかくの機会なのでと考えなおし、第1部の論文を急遽書き下ろした。第1部草稿には松沢裕作氏（慶應義塾大学）のご意見をいただいた。記して感謝する。第2部の成立事情は末尾に書いたとおりである。

第1部の論文ができあがったので、第2部は当初の予定通りに紀要論文で終わらせようと思ったが、この二つを組み合わせれば前著『「新自由主義」の妖怪』で果たせなかった宿題を追究したことになるのではと考え、春秋社の小林公二氏にお願いした結果、このような形となった。

二つとも書評論文、というには風呂敷を広げすぎ、研究展望、というには間口が狭すぎる論文であり（見ようによっては「東京大学スノビズム」である）、また日本語で読み書きされる非常に狭い空間で、直接の知己の仕事をとりあげて云々するという、ある意味非常に私的な作業、「はじめに」でも述べたとおり一種の自分史となった。個人的に言えば、自分のアカデミックな出自でありながら遠く離れてしまった――しかも分野自体が消滅しつつある――労働問題研究を、これまでも遠巻きに眺めることはあったが、今回はより本格的に俎上に載せ、切り刻むことになった。本来このような作業は、外野にいる私のような者がやるべきではないのだが、還暦を迎えての自己探求の一環ということでご寛恕いただきたい。とはいえ前著も、また一〇年以上前に書かれた第2部の原型も、厳密にアカデミックなスタイルで書かれたものではないにもかかわらず相応の反響をいただいた仕事であり、それへの応答を踏まえてのまとめとして、それなりに公的な意義もあると自負している。思えば私の最初の任地への着任と同時に発表されたのが東條、佐口両氏の著書への書評論文「労使関係史から労使関係論へ――東條由紀彦「製糸同盟の女工登録制度――日本近代と女工の『人格』」(東京大学出版会、1990年)、佐口和郎「日本における産業民主主義の前提――労使懇談制度から産業報国会へ」(東京大学出版会、1991年)」(『経済評論』第四一巻第一〇号、一九九二年)だったのであり、その直前にはヘーゲル法哲学と現代リベラリズム政治哲学を結ぶ拙い習作「市民社会論・序説」(『季刊 窓』第一一号、一九九二年)も発表されている。現在の私自身の「本業」である政治哲学・応用倫理学の仕事を進めるにあたっても、正規の哲学的訓練を受けていない私にとっての知的足場は、結局のところここにあったのだ、ということを改めて確認することとなった。

第1部については、東京大学大学院経済学研究科の自主ゼミに講師としておいでいただいた東條由紀彦氏、そして東條氏とは兄弟同然の間柄で、私にとっても師というより優しい兄貴分であった佐口和郎氏（東京大学名誉教授）、そして最初の任地でしばらく同僚だった野村正實氏（東北大学名誉教授）にお礼を申し上げねばならない。木庭顕氏にも丁寧なご感想をいただいた。第2部については、科研費の共同研究（二〇一〇-二〇一二年度基盤研究（B）「社会理論・社会構想と教育システム設計との理論的・現実的整合性に関する研究」研究課題／領域番号22330236）のメンバーとしてお誘いいただいた広田照幸氏（日本大学）、その研究会にわざわざイギリスからゲストとしておいでくださった苅谷剛彦氏（オックスフォード大学）に深甚な感謝をささげるものである。

二〇二四年四月三〇日

稲葉振一郎